일상이 고고학

나당전쟁과 문무왕

일상이 고고학
나당전쟁과 문무왕
강대국과 싸워 승리하는 법

황윤 역사 여행 에세이

일상이___고고학 16

책읽는고양이

나당전쟁은 670년부터 676년까지 7년간 이어진 신라와 당나라 간 전쟁이다. 주목할 점은 이 당시 신라가 상대한 당나라는 고려시대 여요전쟁의 상대인 거란 또는 조선시대 임진왜란의 상대인 일본과는 비교도 안 될 정도로 세계사에 남긴 족적이 남다른 국가였다는 사실.

7세기 들어 최전성기를 맞이한 당나라는 동시대 국가들 중 영토, 인구, 경제, 문화, 군사, 외교, 정치, 종교 등 가히 모든 면에서 압도적인 면모를 보여줬는데, 이는 20세기 중후반의 미국과 거의 유사한 위상이라 하겠다. 그런 만큼 당시 당나라 주변 국가들은 너도나도 당나라의 문화, 제도, 군사 시스템 등을 적극적으로 배워갔으며, 당나라로 몰려드는 유학생과 이민자, 상인의 규모도 엄청났다고 전한다.

뿐만 아니라 미국과 마찬가지로 당나라는 자국의 패권 유지를 위해 매우 적극적이어서 건국 후 멸망할 때까지 289년 간 고구려, 백제, 신라, 발해, 왜, 토번, 돌궐, 고창국, 대식국, 위구르 등 주변의 여러

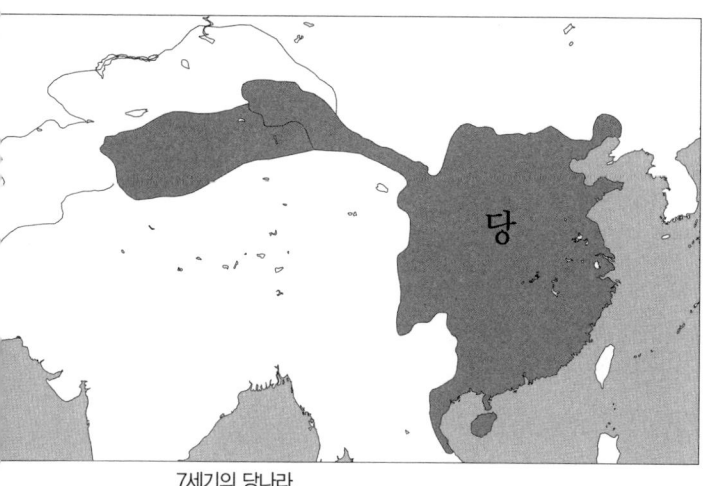

7세기의 당나라.

국가들과 끊임없이 전쟁을 치렀다. 그 결과 전쟁에서 항복하거나 사라진 나라의 사람들은 당나라로 점차 흡수되었으며, 이러한 과정을 통해 다양한 종족과 종교가 공존하는 국제적인 국가로 운영되기에 이른다.

그래서일까? 당나라가 존속했던 시대뿐만 아니라 멸망한 이후에도 한반도와 일본에서는 중국에서 유입된 물건을 소위 '당물(唐物)'이라 표현했으며, 더 나아가 중국인을 '당인', 중국의 학문을 '당학'이라 부르곤 했었다. 한때 당나라가 역사에 남긴 영향력이 이토록 엄청났던 것. 지금도 이러한 표현은 일부 남아 해외에 중국인들이 모여 사는 차이나타운을 한문으로 '당인가(唐人街)'라 표현함. 오늘날 대한민국의 문화나 물품에다가 유독 접두사 'K'를 붙이는 것과 유사하다고나 할까?

그렇다면 신라는 어떻게 이처럼 거대한 상대와 싸워 승리할 수 있었을까? 상대편의 약점은 적극 공략하고 자신의 강점은 최대한 발휘하는 가운데 지도층을 중심으로 똘똘 뭉쳐 여론을 통합할 수 있었기 때문이다. 그리고 이 중심에는 문무왕이 있었다. 개인적으로는 문무왕이 없었더라면 과연 당나라의 공세를 이겨낼 수 있었을까 하는 의문이 들 정도로 그는 우리 역사에서 매우 보기 드문, 변화무쌍하고 과감한 정치력의 소유자다.

당시 신라와 당나라는 서로의 필요로 군사, 외교적으로 동맹을 맺은 지 수십 년이 흐른 관계였으나 주적인 백제, 고구려가 사라지자 당나라는 노골적으로 신라를 무시하며 압박해왔다. 엄청난 강대국인 당나라와 대립을 한다는 것은 결코 쉬운 결정이 아니다. 우선 강대국에 맞선다는 것 자체에 대한 내부적인 저항의 산을 넘어 여론을 하나로 통합하는 과제는 만만치 않은 여정이다.

하지만 문무왕은 국익을 위해 여론을 통합시켰으며, 신라 특유의 강인한 생존력을 각인시키는 데 성공한다. 탄탄한 내부적인 결속과 적에 대한 치밀한 전략, 그리고 밀고 당기는 외교술의 발휘로 신라가 나당전쟁에서 승리하자 당나라 역시 이전처럼 더 이상 신라를 함부로 대할 수 없었다. 시간이 흘러 전쟁의 앙금이 풀린 후 오히려 신라를 높게 평가하며 다시금 동맹을 맺게 되니까. 결국 아무리 강대국일지라도 무조건 고개를 숙이는 상대보다 실력과 배포가 있는 나라를 더욱 높게 대접함을 알 수 있다. 이러한 신라와 문무왕의 모습은 지금의 대한민국도 분명 배워야 할 부분이 아닐까 싶다.

차례

1. 나당연합과 덕적도

방아머리항 여객선터미널

오전 8시 30분 덕적도로 출발하는 배를 타고자 안양에서 지하철 첫차를 탔다. 오이도역에서 내려 다시 버스를 타고 방아머리항 여객선터미널에 내리니 8시. 이곳에서 대부고속페리3호를 타야 한다. 해당 여객선은 이미 도착하여 손님을 기다리는 중. 평일임에도 배로 들어가는 자동차 줄이 은근 길다. 매표소에서 예매한 표를 발권받고 아침을 못 먹은 만큼 에너지 충전을 위해 매점에서 김밥과 빠다코코낫, 새우깡, 음료수를 구입한다. 잠시 항구 주변을 구경해보니, 바다 근처라 그런지 횟집이 참 많구나. 침이 꼴깍 삼켜지는 것이 오랜만에 회를 먹고 싶어지네. 여러 음식점을 보며 시간을 보내다 스피커에서 덕적도 가실 분은 승선하라는 소리를 듣고 빠른 걸음으로 배로 들어선다.

본래 시간보다 조금 이른 27분이 되니 엔진 소리와 함께 배가 이동하기 시작한다. 바다로 서서히 전진하는 배의 움직임을 느끼며 가장 높은 3층으로 올라가 바다를 바라보았다. 오호라~ 갈매기 떼가 빠른 속도로 배를 따라오는구나. 승객들이 던져주는 새우깡을 노리는 듯. 실제로 여기저기서 사람들이 새우깡을 던져주고 있다. 내가 산 새우깡은 좀 이따가 던져줘야지. 룰루랄라.

그럼 사온 김밥과 빠다코코낫을 먹으며 슬슬 방아머리항 여객선터미널에서 덕적도로 가는 이유를 이야기해볼까?

서해에 위치한 덕적도는 인천시에 속한 22.97㎢의 면적을 지닌 꽤 규모가 있는 섬이다. 대략 여의도 8배 규모. 주위로는 8개의 유인도와 34개의 무인도가 함께하고 있으며, 이들을 모두 합쳐 소위 덕적군도(德積群島)라 부른다. 특히 덕적도는 서포리해수욕장이 가장 유명하며, 섬 안에서 캠핑, 낚시, 등산 등이 가능하기에 매년 외국인 포함해 은근 많은 관람객이 방문하고 있다. 무엇보다 밤에는 하늘의 별빛을 제대로 감상할 수 있는 장소이기도 함. 가만 생각해보니 어릴 적에는 어디서든 하늘의 별을 쉽게 볼 수 있었으나 요즘은 도시마다 뿌옇게 올라와 있는 매연 때문인지 별을 못 본 지 오래된 것 같다.

왕이 태자 법민(法敏)을 보내 병선 100척을 거느리고 덕물도(德物島, 덕적도의 옛 이름)에서 소정방을 맞이하게 하였다.

　이처럼 지금은 관광지로서 남다른 매력을 지닌 덕적도이나, 저 과거로 돌아간 660년만 하더라도 한반도 역사를 바꿀 거대한 사건에 휘말리고 있었다. 나당연합군의 백제 정벌이 바로 그것. 참고로 나당연합군이란 신라와 당나라 간 군사적 연합을 의미하며, 이번 작전을 위해 두 나라 병력이 처음으로 접촉한 장소가 다름 아닌 덕적도였다. 당나라 13만 병력이 배를 타고 산둥반도를 출발하여 덕적도에 도착하자 당시 신라 태자였던 김법민이 100척의 신라 병선을 이끌고 섬으로 이동해 이번 나당연합군의 총지휘를 맡은 당나라 장군 소정방을 만났다.

　그렇다. 사실 오늘 여행은 과거 태자 김법민이 덕적도로 이동한 코스와 그나마 유사하게 이동하고자 일반적으로 사람들이 주로 사용하는 루트인 인천에서 덕적도를 가지 않고 안산 방아머리항 여객선터미널에서 배를 탄 것이다. 물론 완벽히 동일하게 이동하려면 태자 김법민이 출발한 장소가 방아머리항 여객선터미널에서 남쪽으로 17㎞ 떨어진 화성 전곡항 근처에서 배를 타야 하지만. 음, 문제는 전곡항은 덕적도로 가는 여객선이 운영되지 않는 만큼 요트를 빌려 타야 하는데 이 경우 비용과 시간이 워낙 많이 든다. 뿐만 아니라 작은 요트에 의지한 채 뱃길 따라 45㎞나 이동해야 해서 상상만 해도 약간 겁이 난다. 혹시 파도가 세면 어쩌나 하는 걱정. 하하. 역시 나 같은 겁쟁이에게는 바다 여행은 가능하면 큰 배일수록 좋다. 다행히도 오늘따라 그다지 바람이 불지 않아 마치 평탄한 도로를 달리듯 배가 이동하는구나.

나당 연합군의 작전

어느덧 배는 영흥도 옆을 지나가고 있다. 덕적도 보다 조금 더 큰 섬으로 가까운 거리에 있는 육지와 는 다리로 연결되어 있다. 차로 단번에 갈 수 있는 만큼 교통 면에서 사실상 육지와 마찬가지라 하겠 다. 4호선 오이도역에서 버스를 타고도 갈 수 있으 니까. 특히 이곳에는 풍력발전기와 영흥화력발전소 가 있는데, 당당한 크기를 자랑하는 풍력발전기와 하얀 연기를 뿜어내는 발전소의 높다란 기둥이 저 기 보이는구나. 인간이 만들어낸 거대한 시설이 참 으로 장관이다. 몇 년 전 제주도에서 인천으로 배를 타고 이동할 때 발전소의 모습을 감탄하며 감상한 뒤로 실로 오랜만의 만남. 참고로 제주도에서 인천 으로 가는 배는 경영상 문제로 얼마 전 폐지되었다 고 한다.

새우깡을 던져주던 사람들이 서서히 사라질 때 쯤 이번에는 내가 새우깡을 꺼내 하나씩 던져주니 내 쪽으로 갈매기가 빠르게 다가온다. 새우깡을 저 멀리 힘껏 던지자 갈매기는 새우깡을 놓치지 않고

사람들이 던져주는 새우깡을 받아 먹는 갈매기. ⓒHwang yoon

쫓아가 부리로 잡는다. 오호~ 감탄. 야구공 던지듯
던지면 갈매기가 잡고 던지면 갈매기가 잡고 이를
수없이 반복하다보니 어느덧 새우깡이 다 사라졌
다. 갈매기와 눈도 마주치고 멋진 경험.

그렇게 새우깡이 다 떨어졌고 충분히 푸른 바다
를 구경했으니, 이제 슬슬 배 안으로 들어가야겠다.
배 안의 객실은 넓은 바닥에 편하게 눕거나 앉아 갈
수 있는 형태로 되어 있다. 여러 다른 승객처럼 배
안에 있는 매점에서 맥반석 오징어를 사서 편하게
앉는다. 오호~ 오징어 맛있네. 배는 안산 방아머리
항 여객선터미널에서 덕적도까지 대략 2시간 정도
이동할 예정. 그럼 휴식을 취하며 나당연합군 이야

기를 더 이어가볼까?

660년 나당연합군은 백제를 멸망시키고자 당나라 13만 대군, 신라 5만 대군이 백제 영토로 진격을 시작했다. 당시 두 국가 간 병력의 움직임은 놀랍게도 현재 한미연합군의 전시연합증원 작전과 거의 동일한데, 한미 전시연합증원 계획에 따르면 전시에 동맹군인 미군이 파병되는 순간 1. 우선 자국의

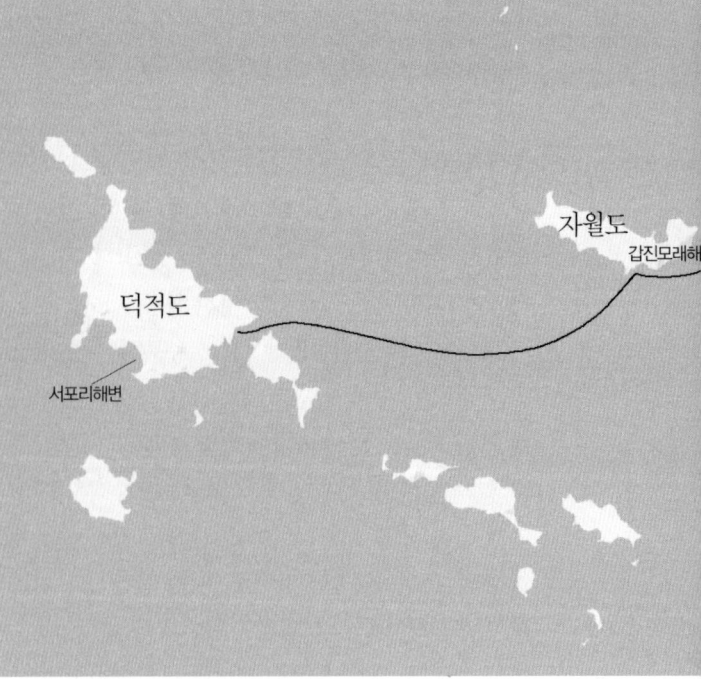

방아머리행 여객선터미널에서 덕적도로 가는 길.

영역내로 수용(Reception)하고, 2. 대기(Staging)시킨 후, 3. 전방이동(Onward movement)을 거쳐 4. 국군과 통합(Integration)하는 과정으로 진행된다고 한다. 해당 작전의 목표이자 가상의 적은 북한.

이와 유사하게 나당연합군은 1. 660년 6월 18일~22일까지 동맹군인 당나라 병력을 신라 영역인 덕적도로 수용하여 대기시킨 후 2. 6월 22일~7월 9일

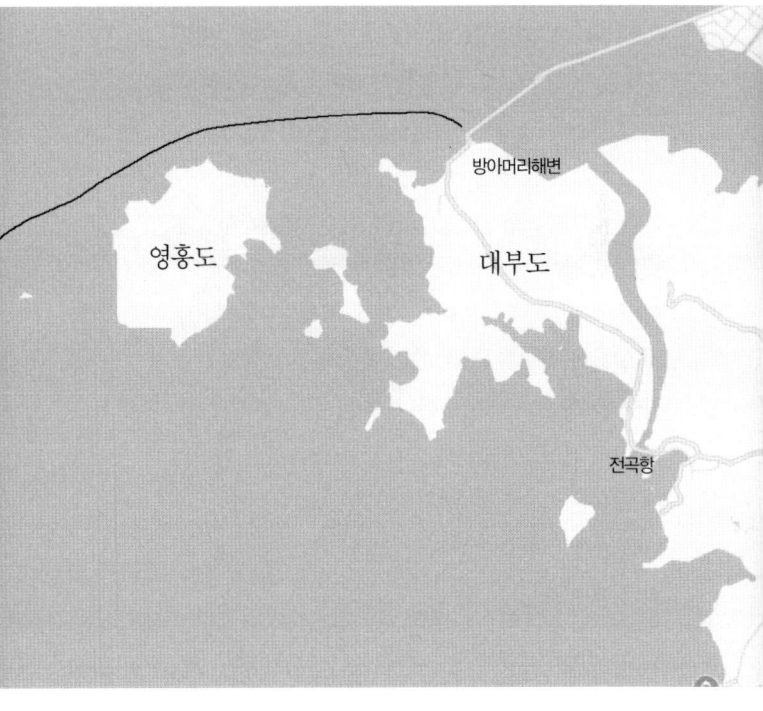

까지 당나라 군대는 바다를 통해 신라군은 육지로 백제 국경선까지 전방이동 하였다. 3. 그리고 최종적으로 7월 10일 사비성 남쪽에서 두 국가의 병력이 통합하기로 약속하였다. 다만 지금과 달리 통신에 한계가 있던 시대인 만큼 해당 작전을 최종적으로 각 군의 최고 지휘자가 모여 확인하고자 소정방과 태자 김법민, 김유신 등이 덕적도에서 직접 만남을 가졌다. 뿐만 아니라 한반도 서해안에 익숙하지 못한 당나라 병력을 돕기 위해 신라 고위층이 미리 당나라군과 함께하고 있었는데, 해당 고위층은 다름 아닌 태종무열왕의 둘째 아들 김인문이었다.

당 고종이 소정방을 신구도대총관(神丘道大摠管)으로 삼아, 군사를 거느리고 백제를 치게 하였다. 황제가 김인문을 불러서 도로의 험하고 평탄한 곳과 진퇴의 편의를 묻자, 김인문이 매우 자세히 대답하였다. 황제가 기뻐하여 제서(制書, 황제의 문서)를 내려 김인문을 신구도부대총관(神丘道副大摠管)에 제수하고 출정한 군대와 갈 것을 명령하였다. 마침내 소정방과 함께 바다를 건너 덕물도(德物島, 덕적도)에 이르렀다.

《삼국사기》 신라본기 태종무열왕 7년(660) 3월

이때 김인문이 맡은 지위는 신구도행군부대총관(神丘道行軍副人摠管), 줄여서 신구도부대총관(神丘道副大摠管)으로 놀랍게도 사령관 소정방 다음가는 당나라 병력의 부사령관 역할이다. 한마디로 신라 왕자가 당나라 부사령관이었던 것이다. 마치 한미연합군사령부의 경우 사령관은 미군 4성 장군이 부사령관은 국군 4성 장군이 맡는 것과 얼핏 유사해 보이네. 참고로 신구도행군(神丘道行軍)이란 신구도(神丘道) 방면을 원정(行)하는 군대(軍)라는 뜻으로 여기서는 백제 정벌을 의미한다는 사실.

이쯤 되니 660년 전쟁에서 남달리 큰 역할을 맡은 김법민과 김인문이 구체적으로 어떤 인물이었는지 궁금해진다. 이 시점 김법민은 신라 태자이자 신라군을 대표하고 있었고, 김인문은 신라 왕자이자 당나라군 부사령관이었으니까. 무엇보다 높은 신분의 왕자들이 일반 군사훈련도 아닌 죽음과 가까이 하는 전장에 적극적으로 등장하는 모습은 우리 역사에서 무척 보기 드문 장면으로 다가온다. 그래서인지 몰라도 왠지 모르게 이질적으로 느껴지기도 한다.

태종무열왕의 아들들

배가 중간 기착지인 자월도에 도착했다. 밖으로 나와보니 오호라~ 의외로 자월도에서 꽤 많은 사람이 내린다. 개인적으로는 지나치기만 했을 뿐 한 번도 내려서 구경한 적이 없는 섬이라 설명은 패스해야겠다. 다만 인천 주변에는 유독 크고 작은 섬이 많이 있으며, 인천시에서 이들을 거미줄처럼 배로 서로 연결하는 관광 프로젝트를 적극 진행 중이라 한다. 관심 있는 분들은 배를 타고 서해안 섬 여행을 즐겨보면 어떨까? 나름 이국적인 분위기가 나서 해외 여행 느낌도 드네.

바쁘게 새로운 승객과 차를 태우고 배는 최종 도착지인 덕적도를 향해 출발한다. 다시 밖으로 나와 배 높은 곳으로 올라가 주위 바다와 섬을 구경해본다. 그러니까 저기 보이는 덕적도를 중심으로 덕적군도의 여러 섬마다 당나라 13만 대군이 탄 1000여 척의 배들이 정박하고 있었겠구나. 물론 당나라 병력이 이곳에 오기 훨씬 오래 전부터 현재 인천과 경기도 주변의 여러 섬들에는 신라 수군이 배치되어 있었다. 신라에서 당나라로 이동하는 뱃길을 보호하며 더 나아가 이 시절 신라의 적국이었던 고구려와 백제 간 교류를 막기 위해서 말이지. 다름 아닌 태자 김법민이 덕적도로 이끌고 간 100척의 배와 수군이 그동안 맡았던 임무라 하겠다. 아~ 맞다. 학계에서는 서해안 신라 수군의 규모를 배 숫자로 미루어보아 최소 6000명에서 최대 1만 명 정도로 추정 중. 즉 660년 당시 신라군은 육군 5만 명 외에 수군도 1만 명 가까이 동원된 것이다.

처음 문희의 언니 보희가 서악(西岳)에 올라가 오줌을 누는데 그 오줌이 수도에 가득 차는 꿈을 꾸었다. 다음날 아침 꿈 이야기를 누이에게 했더니 문희가 이야기를 듣고 "내가 이 꿈을 사겠어요."라 하였다. 언니가 말하기를 "어떤 물건을 주겠느냐?" 하자 문희가 "비단치마를 주면 되겠지요." 하니 언니가 승낙하였다. 문희가 치마폭을 펼쳐 꿈을 받을 때 언니가 말하기를 "어젯밤의 꿈을 너에게 준다."라 하였다.

《삼국유사》 기이(紀異) 태종춘추공

며칠 뒤 김유신이 춘추공(春秋公)과 함께 축국을 하다가 춘추의 옷고름을 밟아 떨어뜨렸다. 유신이 말하기를, "우리 집이 다행히 가까우니, 가서 옷고름을 꿰매도록 합시다."라고 말하였다. 그래서 함께 집으로 갔다. 김유신이 술상을 차리고 조용히 보희를 불러, 바늘과 실을 가지고 와서 꿰매게 하였다. 언니가 일이 있어 나아가지 못하자, 동생 문희가 앞으로 나아가 바느질하여 꿰맸다. 옅은 화장에 가벼운 옷을 입었는데, 빛나는 아름다움이 환하게 비추었다. 춘추가 보고 기뻐하여 바로 혼인을 청하고 혼례를 지냈다. 곧 임신하여 아들을 낳으니, 그가 법민이다."

《삼국사기》 신라본기 문무왕 원년(661)

자~ 그럼 시원한 바닷바람을 쐬며 김법민과 김인문에 대한 이야기를 계속 이어가기로 하자. 많은 사람들이 학창시절 국사시간에 배워 이미 알고 있다시피 진골이었던 김춘추는 가야계 진골인 김유신의 여동생과 결혼하여 가문의 힘을 키운 후 신라 정치권력을 서서히 장악하였다. 이때 기묘한 꿈을 물건을 주고 산 이야기가 유명하다. 김유신의 여동생 중 보희가 서악산에 올라 자신의 오줌으로 경주가 가득 차는 꿈을 꾸자, 이것을 동생 문희가 언니 보희에게 비단치마를 주고 사서 자신의 꿈으로 만들었다는 것. 그러더니 얼마 뒤 김춘추와 문희가 만나

아이를 가지게 되었고, 그가 바로 김법민이었다고
한다.

한편 김춘추와 문희는 총 7명의 아들을 낳았으
니, 이 중 첫째는 김법민, 둘째는 김인문, 셋째는 김
문왕, 넷째는 김노차, 다섯째는 김인태, 여섯째는
김지경, 일곱째는 김개원이었다. 흥미롭게도 김춘
추의 아들들은 거의 대부분 전쟁이나 외교 등에 적
극적으로 참여하여 눈길을 끄는데, 대략 살펴보면
다음과 같다.

첫째 김법민은 진덕여왕 시절인 650년, 당나라에
사신으로 파견되어 당나라 황제인 고종을 직접 만
난 적이 있으며, 아버지 김춘추가 진덕여왕을 이어
왕이 되자 태자 겸 지금의 국방부 장관에 해당하는
병부령(兵部令)을 맡았다. 660년에는 군부의 핵심
인 외삼촌 김유신과 함께 신라 5만 대군을 거느리
고 백제 정벌에 나섰으며, 백제 멸망 직후 태종무열
왕 김춘추가 죽자 36세의 나이로 신라 왕에 즉위하
였다. 왕이 된 이후에도 여러 전장에 직접 참여하는
등 남다른 카리스마를 보였으며 우리에게는 김법민
이라는 이름보다 문무왕으로 더 잘 알려진 인물이
기도 함. 즉 나당연합이 백제를 공격하던 660년 시
점에는 다양한 경험을 통해 왕이 될 준비와 경력을
착실히 쌓는 중이었다.

둘째 형 김법민과 3살 차이가 나는 김인문은 주로 당나라와 외교를 수행한 인물로 지금 기준으로 보면 미국 주재 대한민국 대사처럼 당나라 주재 신라 대사와 유사하다고 보면 좋을 듯하다. 한마디로 외교부 수장. 어느 정도였냐 하면 바다를 건너 당나라로 간 것만 일곱 번이요. 당나라에서 지낸 기간만 총 22년이었다고 한다. 물론 외교 이외에도 여러 전쟁에 참여하여 공을 세우는 등 문무 겸비의 남다른 재주로 인해 신라뿐만 아니라 당나라 황제가 특별히 우대하였으며, 그 결과 당나라에서 받은 관직만 하더라도 역대 신라인 중 왕을 제외하면 최고 수준이었다.

김인문이 당나라로부터 받은 관직은 690년 들어와 최종적으로 보국대장군(輔國大將軍) 상주국(上柱國) 임해군개국공(臨海郡開國公) 좌우림군장군(左羽林軍將軍)에 이른다. 이는 당나라 관직에 있어 정2품에 해당하는 초고위직이다. 반면 신라 왕이었던 문무왕은 개부의동삼사(開府儀同三司) 상주국(上柱國) 낙랑군왕(樂浪郡王) 신라 왕(新羅王)이라는 관직을 당나라로부터 책봉받았다. 이는 종1품에 해당하는 것으로 신라 왕과 김인문 사이에 품계상 불과 1단계 차이밖에 나지 않았던 것.

참고로 당나라에 항복한 백제 의자왕이 정3품의

금자광록대부(金紫光祿大夫)라는 관직을 받았으며, 고구려 보장왕 역시 항복 후 정3품의 사평태상백(司平太常伯)을 받은 것과 비교하면 이 시절 김인문이 얼마나 높은 평가를 받았는지 알 수 있다. 그런 만큼 그는 살아있을 적 신라에서도 1등 관등인 각간을 넘어선 명예직인 대각간(大角干)에 오른 인물이기도 하다. 지금 기준으로 해석해보면 대한민국 창건 이래 군 장성에게는 최종적으로 4성 장군인 대장만 부여되는 상황에서 큰 전쟁 중 미군과의 협력에 있어 대단히 높은 공을 인정받아 특별히 5성 장군, 즉 원수에 오른 것과 유사하다고나 할까?

셋째 김문왕은 김인문과 마찬가지로 당나라로 파견되는 등 주로 외교임무를 맡았으나 안타깝게도 비교적 이른 시점인 665년에 죽었다. 넷째 김노차는 이름 외에는 김춘추의 아들 중 유일하게 그다지 알려진 바가 없으며, 다섯째 김인태는 백제와 고구려 원정에 참여하였고, 당나라로 건너가 외교활동을 한 경력도 있다. 여섯째 김지경과 일곱째 김개원 또한 당나라와 연합작전을 위해 요동으로 배를 타고 병력과 함께 이동하여 고구려 원정에 나선 경력이 있다.

사실 우리 역사를 통틀어 여러 왕자들이 이 정도로 전쟁이나 외교에 적극적으로 임한 경우는 앞서 이야기했듯 매우 보기 드물다. 그나마 임진왜란 때 선조의 아들 중 세자로서 민심 규합 및 분조를 이끈 광해군 이외에는 선조의 다른 아들인 임해군과 순화군은 함경도에서 민심 규합은커녕 백성을 상대로 행패나 부리다 일본군에 포로로 잡힌 사건 정도가 떠오르는군.

노블레스 오블리주(Noblesse oblige)라 하여 사회 고위층에게는 그만큼의 책임이 따른다는 프랑스식 표현이 있으니, 아무래도 7세기 신라는 이와 같은 노블레스 오블리주가 남다르게 부각되던 시기였나보다. 신분 고하를 넘어 목숨을 초개처럼 여긴 인물들이 이 시점 역사 기록에 유독 많이 등장하는 이유가 다 있었다. 남다른 높은 신분을 자랑하는 왕자들부터 저렇듯 몸을 아끼지 않고 적극적으로 죽음과 가까이하고 있는 전장에 나섰으니까. 그만큼 신라의 경우 지도층이 솔선수범하는 문화가 무척 강했음을 알 수 있다. 이러한 문화는 신라를 이끄는 리더십에 큰 장점으로 여겨진다. 얼핏 사회지도층의 리더십이 붕괴되었다는 평가를 받는 현재의 대한민국이 배워야 할 부분이기도 하다.

연안항로와 횡단항로

자월도를 떠난 배는 덕적도를 향해 전진하고 있다. 이렇듯 목표지점까지 중간에 위치한 섬을 경유하는 방식으로 이동하다보니, 갑자기 고대 연안항로가 생각나는구나. 고대의 바닷길은 항해술과 선박기술의 한계로 깊고 넓은 바다를 바로 건너기보다 연안항로가 발달했었다. 이에 따라 과거 한반도에서는 지금의 황해도, 평안도, 요동을 거쳐 산둥반도에 도착하는 북부 연안항로가 오랜 기간 중국으로 이동하는 바닷길로 부각받았다.

참고로 연안항로란 이동 경로에 만나는 섬이나 항구를 가까이 경유하며 이동하는 항해법이다. 간단히 말해 가까운 육지나 섬에 딱 붙어서 배를 이동한다고 보면 이해하기 쉬울 듯. 이 경우 이점으로는 연안을 따라 이동하기에 유사시 신속하게 선박을 섬이나 육지의 항구로 안전하게 대피할 수 있다는 점이다. 단점으로는 바닷바람을 제대로 활용하기 힘들고 운항거리가 너무 길어 시일과 비용이 지나치게 많이 드는 데다 통과해역을 적대국이 장악하고 있을 경우 통행마저 위협받는 문제가 있었다.

김춘추가 당나라에서 신라로 돌아오는 길에 바다 위에서 고구려의 순찰병을 만났다. 김춘추를 따라간 온군해(溫君解)가 높은 사람이 쓰는 모자와 존귀한 사람이 입는 옷을 입고 배 위쪽에 앉으니, 순찰병이 보고 그를 김춘추로 여기고 잡아 죽였다. 김춘추는 작은 배를 타고 본국에 이르렀다.

《삼국사기》 신라본기 진덕여왕 2년(648)

연안항로의 단점이 부각된 대표적인 사건으로는 648년 진덕여왕 시절에 김춘추가 당나라로 파견되었다가 돌아오는 길에 고구려 수군을 만난 일이 있었다. 당시 김춘추는 당 태종 이세민을 만나 신라와 당나라 간 외교관계를 더욱 굳건히 만든 후 신라로 돌아오던 중이었는데, 그를 따르던 온군해라는 인물이 김춘추 흉내를 내며 고구려 수군에게 잡혀 죽는 동안 작은 배로 갈아타고 겨우 탈출할 수 있었다. 이런 상황인 만큼 신라에서는 고구려 해안을 거쳐 당나라로 이동하기보다 설사 항해 난이도가 높아지더라도 신라에서 당나라로 바로 이동하는 루트를 선호할 수밖에. 이것을 소위 중부 횡단항로라 부른다.

중부 횡단항로가 본격적으로 등장하게 된 계기

고 구 려

당

북부 연안항로

중부 횡단항로

백령도

대청도

연평도

등주

진왕석교

산둥반도

덕적도

당성

신라와 당나라 간 바닷길로서 각각 북부 연안항로와 중부 횡단항로
로 부른다. 《한국해양사》(한국해양재단 2013년).

는 620년대 중반 고구려가 신라와 중국 간 교류를
막고자 북부 연안항로를 차단했기 때문이다. 이에
신라는 고구려의 행동에 큰 위기감을 느꼈고, 어쩔
수 없이 620년대 중반부터 중국으로 바로 가는 새
로운 항로를 개척하였다. 연안항로에 비해 깊고 넓
은 바다를 단번에 건너야 하는 만큼 항해 난이도는
높아졌지만, 대신 고구려 영향에서 어느 정도 벗어
난 데다 빠른 이동이 가능했으니까.

이 과정에서 먼 거리를 단번에 항해해야 하니 신
라의 선박을 만드는 기술과 항해술 또한 비약적으
로 발달했을 텐데, 안타깝게도 당시 신라가 사용한

배가 구체적으로 어떤 형태인지는 기록이나 고고학적 발굴 증거가 거의 없기에 정확히 알 수 없다. 다만 654년에 일본 사절단이 중부 횡단항로를 이용하면서 아예 '신라도(新羅道)'라 표현한 것으로 보아 이 바닷길이 신라의 주도로 꽤 안정적으로 운영된 것은 분명해 보인다.

이를 미루어 볼 때 648년 김춘추가 당나라 외교를 위해 이용한 길도 중부 횡단항로였을 가능성이 높다고 여겨진다. 다만 산둥반도에서 바로 서해를 건너 한반도 영역으로 들어온 뒤로는 대청도→연평도→덕적도로 이동하는 연안항로를 이용하다가 고구려 수군의 습격을 받았던 것이다. 이처럼 7세기만 하더라도 지금의 황해도, 인천, 경기도 앞 바다는 고구려와 신라 간 치열한 수군 대립이 있었음을 알 수 있다. 마치 대한민국과 북한 사이에 서해를 둔 대립과 유사하게 다가온다.

이후 김춘추의 아들인 김법민, 김인문의 신라와 당나라 간 이동뿐만 아니라 660년 당나라 소정방의 군대가 백제를 정벌할 때도 중부 횡단항로가 적극 사용되었기에 이 또한 목숨을 건 신라인의 바닷길 개척이 만들어낸 결과물이라 하겠다. 어느덧 저기 덕적도 항구가 선명하게 보이네. 오호라. 이제 즐거웠던 배 여행을 마무리할 시간.

덕적도 도착

10시 45분경이 되어 배가 덕적도에 도착하자마자 자동차와 승객이 기다렸다는 듯이 줄을 서서 빠른 속도로 내리기 시작한다. 가히 한국인의 빨리빨리 문화를 잘 보여주는 명장면으로 배가 도착하기 훨씬 전부터 상륙작전을 펼치듯 다들 짐을 챙기며 내릴 준비로 분주하다. 하하. 개인적으로는 오늘 이곳에서 밤하늘의 별을 보기 위해 1박을 할 예정이라 그동안 선보인 바쁜 계획의 여행과 달리 천천히 여유 있게 즐기며 섬을 구경해볼까 한다.

우선 항구 근처에 보이는 한 식당에 들어가 아구탕을 주문한다. 잠시 기다리자 뜨끈 얼큰한 아구탕 등장. 오늘 따라 날씨가 좋고 바람이 적어 나름 편하게 왔음에도 흔들흔들 움직이는 배를 타서 그런지 배가 무척 고프구나. 왠지 모르게 오늘 따라 해군이었던 4살 아래 사촌동생이 생각나네. 음식을 맛있게 싹싹 금세 비웠다. 다 먹고 밖으로 나와 농협마트에 들려 숙소에서 먹을 음식을 쭉 구입하였다. 이제 오늘 하루 푹 즐길 준비 끝~

뜨끈 얼큰한 아구탕. ©Hwang yoon

　항구 근처로 다시 오니 서포리 방향이라 적혀 있
는 버스가 기다리고 있다. 기사님께 목적지를 묻고
버스를 탄다. 꽤나 울창한 나무 사이의 도로를 따라
신나게 달리는 버스. 해안가를 지나고 산을 넘고 마
을을 구경하다보니 금세 서포리 해변에 도착했다.
우선 짐을 숙소에 두고 몸을 편하게 한 후 해안가를
돌아본다. 이야. 모래사장이 해운대 못지않게 넓고
아름답네. 참으로 보물 같은 장소로구나. 저기 보니
버스를 함께 타고 내린 30대 남자가 벌써 혼자 텐트
를 치고 있다. 오늘 저기서 바다를 즐기려는 모양. 여
행에 진심인 분을 보니 묘한 감동이 밀려온다. 자~
그럼 덕적도를 방문한 또 다른 인물들의 이야기를

서포리 해변. ©Hwang yoon

해봐야겠다.

　왕(태종무열왕)은 태자와 장군 유신, 진주(眞珠), 천존(天存) 등에게 명하여 큰 배 100척에 군사들을 싣고 당나라군과 만나게 하였다. 태자가 장군 소정방을 만나니 정방이 태자에게 "나는 바닷길로 가고 태자는 육지로 가서 7월 10일 백제의 왕도(王都)인 사비성에서 만납시다." 라고 말하였다.

《삼국사기》 열전 김유신

　기록에 따르면 660년 덕적도에서 소정방을 만난 신라 측 인원은 태자 김법민을 필두로 김유신, 김진주, 김천존이었다. 아무래도 신라와 당나라의 장수들은 큰 배에서 작은 배로 갈아탄 후 덕적도의 모래 해변에 작은 배를 정착시킨 다음 섬으로 올라와 만남을 가지지 않았을까 싶다. 그런 만큼 이곳 서포리 해변도 나당 연합군의 수뇌부가 만난 후보지 중 하나.

이때 소정방을 만난 김유신은 당시 66세로 가야계 진골로서 그동안 고구려, 백제와 펼친 수많은 전장에서 승리를 거둔 명장이자 김춘추를 적극 지원하여 왕에 오르도록 만든 인물이기도 했다. 지금과 달리 그 시절 66세면 주변에 비슷한 나이 대를 만나기 드물 정도로 나이든 측에 속했을 텐데, 놀라운 사실은 당나라군 사령관인 소정방은 그보다 3살이 더 많았다는 사실. 말 그대로 양국을 대표하는 노장의 만남이라 하겠다.

아무래도 한국인이라면 김유신에 대해선 얼추 정보를 알고 있을 테니, 이번 기회에 소정방을 소개해볼까 한다. 소정방의 이름은 소열(蘇烈)이며 우리에게 익숙한 정방(定方)은 자(字)다. 과거 중국에서는 이름을 직접 부르기보다 대신 자를 부르는 문화가 있었는데, 덕분에 소열보다 소정방으로 더 알려진 케이스. 마찬가지로 태종무열왕의 아들이었던 김인문도 자가 있으니, 인수(仁壽)가 그것이다. 다만 동시대 신라에서 자를 쓴 이가 김인문 외에는 쉽게 찾아보기 힘든 것으로 보아 당나라와 교류를 하는 인물들부터 중국 문화를 접하며 서서히 자를 쓰기 시작했나보다. 무엇보다 김인문의 경우 당나라에서 오랜 기간 활동한 만큼 당연하게도 자가 필요했을 듯. 미국에 오래 체류하는 한국인이 은근 미국식 이름을 가지는 경우가 많은 것과 유사한 모습이랄까?

다만 소정방은 수나라가 멸망하여 혼란한 시기에 당나라 건국자와 천하를 두고 경쟁하던 인물의 수하로 적극 활동한 경력이 있었다. 그 결과 은근 견제를 받았는지 환갑이 다 되도록 별다른 진급을 하지 못했다. 그러던 중 노년의 나이에 당나라의 고구려, 토번, 서돌궐 원정에서 큰 공을 세우며 비로소 주목을 받는다. 특히 656년 전쟁에서는 돌궐의 2만 명의 기병을 불과 500명의 기병으로 물리친 괴력을 선보인 데다, 657년에는 1만 명의 병력으로 10만의 돌궐 군대를 분쇄한 실로 놀라운 경력을 만들어냈다. 이때 패배를 기점으로 한때 강력한 세력을 자랑하던 서돌궐이 멸망했을 정도의 큰 승리였다.

다음으로 소정방은 파미르 고원 주변의 국가를 성공적으로 평정하였고 지금까지 쌓은 공을 인정받아 정3품 좌무위대장군(左武衛大將軍)에 오른다.

이후 660년 들어와 백제마저 신라와 협공하여 멸망시키면서 평생 소정방이 멸망시킨 나라만 세 나라에 다다랐으며, 해당 국가의 왕을 모두 생포한 독특한 경력을 지니게 된다. 사실상 동시대 당나라가 자랑하는 최고 명장 중 한 명이었던 것. 이 시절 신라 사람들에게 느껴지는 소정방의 위상은 나름 20세기 미국의 명장인 맥아더와 유사하다고 보면 이해가 쉽게 되려나?

장군 소정방과 김인문 등은 바다를 따라 기벌포(伎伐浦, 금강 하구)에 들어왔으나 해안의 진창에 빠져 움직이지 못하였다. 이에 버드나무로 엮은 깔개를 펴 군사들을 나아가게 하였다.

《삼국사기》 열전 김유신

왕(의자왕)은 군사를 모아 웅진 어귀를 막고 강가에 군사를 주둔시켰으며, 정방이 왼쪽 강변으로 나와 산 위에 진을 쳤는데, 맞붙어 싸워서 우리 군사가 크게 졌다. 당나라 군사가 밀물을 타고 배의 꼬리에 꼬리를 물고 나아가며 북을 치고 떠들어댔다. 정방은 보병과 기병을 거느리고 곧장 도성으로 달려가 30리 밖에서 멈추었다.

《삼국사기》 백제본기 의자왕 20년(660)

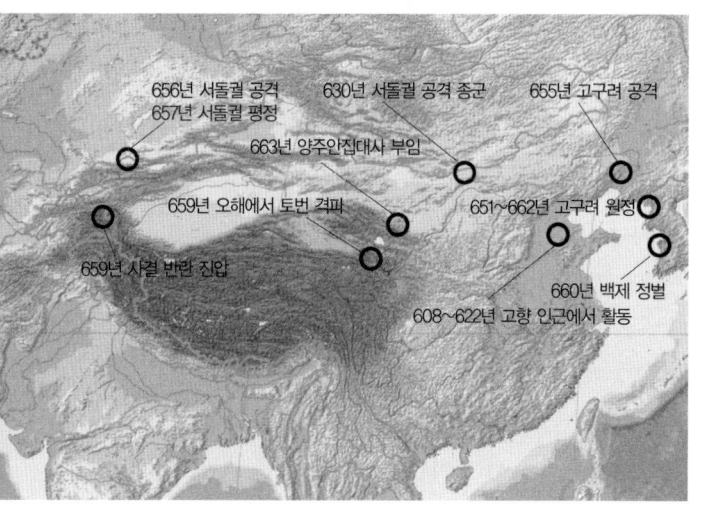

656년 서돌궐 공격
657년 서돌궐 평정

630년 서돌궐 공격 종군

655년 고구려 공격

663년 양주안집대사 부임

659년 오해에서 토번 격파

651~662년 고구려 원정

659년 사결 반란 진압

608~622년 고향 인근에서 활동

660년 백제 정벌

소정방 활동 행적. 그는 당나라의 주요 전장마다 국경을 넘나들며 참가한 인물이었다.

이윽고 신라와 더불어 백제 공략이 진행되자 소정방은 배를 타고 덕적도에서 남쪽 바다로 이동하였다. 이후 기벌포, 즉 금강 하구에 상륙했는데, 갯벌 때문에 질퍽하여 병력 이동이 쉽지 않는 상황을 맞이한다. 나름 수비 측 백제가 공격하기 좋은 위기 상황이었으나, 갯벌 위에 미리 준비한 버드나무로 엮은 깔개를 펴 이동하기 쉽도록 하여 산 위의 유리한 위치에 진을 빠르게 구축할 수 있었다. 덕분에 불리한 지형을 극복하여 오히려 백제군을 간단히 무찌를 수 있었다.

실제로 기벌포 일대는 조수 간만의 차가 약 7m에 달하여 갯벌이 크게 발달한 지형이다. 그런 만큼 기벌포 일대의 지형을 제대로 파악하지 않았다면 상륙이 결코 쉽지 않았는데, 이토록 간단히 자연 방호를 넘은 것으로 보아 이와 관련한 신라군의 정보 제공과 지원이 있었음을 알 수 있다. 아무래도 버드나무 깔개는 태자 김법민이 이끌고 간 신라 수군이 그동안 착실히 준비하여 제공한 물품이 아니었을까?

그렇게 순조로워 보이던 양국의 작전은 백제 도성 앞에 도착한 신라와 당나라 병력이 크게 대립하는 상황이 벌어지며 새로운 문턱을 만나게 된다.

김유신의 분노

소정방은 부총관(副摠管) 김인문 등과 함께 기벌
포에 도착하여 백제의 군사를 만나 싸워서 크게 깨
뜨렸다. 김유신 등이 당나라 군대의 진영에 이르자,
소정방은 유신 등이 약속한 기일보다 늦었다고 하
여 신라의 독군(督軍, 군대 운영을 감독하는 직책)인
김문영을 군문(軍門)에서 목을 베려고 하였다.

김유신이 무리들에게 말하기를, "대장군(大將軍,
소정방)이 황산(黃山)에서의 싸움을 보지도 않고 약
속한 날짜에 늦은 것만을 가지고 죄를 삼으려고 하
는데, 나는 죄 없이 모욕을 받을 수 없다. 반드시 먼
저 당나라 군사와 결전을 치른 후에 백제를 깨뜨리
겠다."라 하였다. 이에 큰 도끼를 잡고 군문에 섰는
데, 그의 성난 머리털이 곧추 서고 허리에 찬 보검이
저절로 칼집에서 튀어나왔다.

우장(右將)인 동보량이 소정방의 발을 밟으며 말
하기를, "신라의 군사가 장차 변란을 일으킬 듯합니
다."라고 하자 소정방이 곧 문영의 죄를 용서하였다.

《삼국사기》 태종무열왕 7년(660) 7월 9일

앞서 신라와 당나라는 덕물도에서 약속하길 7월 10일 사비성 남쪽에서 병력을 합치기로 하였다. 헌데 백제 방어를 쉽게 돌파한 소정방과 달리 신라군은 황산벌에서 계백의 5000 결사대가 죽기를 각오하며 버티면서 결과적으로 하루 늦은 11일 약속지점에 도착하고 말았다. 그러자 소정방은 약속을 어겼다 하여 신라군 이동을 감독하던 김문영을 죽이고자 한 것이 아닌가?

물론 전쟁에 있어 약속 시간이라는 것은 절대적으로 지켜야 하지만 부득이하게 치열한 전투를 하여 하루 늦었다는 것을 빌미로 이와 같은 행동을 하는 것은 당나라에 숨은 의도가 있음이 분명했다. 한마디로 소정방은 당나라, 신라 합쳐 20만에 가까운 대군이 사비성 앞에 모인 만큼 백제의 몰락은 기정사실화한 채 사실상 이번 일을 빌미로 신라의 기세를 꺾고자 한 것.

가만 살펴보면 당시 당나라는 대외적으로는 신라의 요청을 받아들여 백제를 정벌한다는 입장이었다. 큰 나라가 작은 나라를 돕는다는 중화식 세계질서에 합당한 논리이기도 하다. 하지만 다른 각도로 보면 당나라가 최종 목표인 고구려를 국제적 외톨이로 만들기 위해 백제를 공략할 필요성이 높아지자 신라와 군사동맹을 맺은 것으로 볼 수도 있다.

이처럼 어떤 각도로 보느냐에 따라 각국이 전쟁에 참전한 입장이 확연하게 달라질 수 있었다.

생각이 다른 만큼 전쟁이 끝난 후의 전후처리에 대해서도 당연히 입장이 다를 수밖에. 신라는 비록 당나라가 백제 공략에 도움을 주었으나 엄연히 백제 영토는 자신들의 것이라 여기고 있었으나, 반대로 당나라는 한반도 공략을 위해 신라를 이용했을 뿐 백제는 당나라가 점령한 영토로 생각하였다. 소정방은 이후 있을 입장정리를 명확히 하고자 공동작전을 편 신라의 공을 일부로 낮추고 더 나아가 지위 높은 신라 장수의 목을 베어 이번 작전에서 우위에 있는 국가가 어디인지를 분명하게 보여주고자 한 것이다. 오랜 기간 여러 국가들과 전쟁을 해본 장수답게 고압적이면서도 노련한 행동이랄까?

하지만 노련하기로는 둘째가라면 서러운 김유신이 이러한 소정방의 의도를 모를 리가 없었다. 비주류인 가야계 진골에서 단계를 하나씩 밟아가며 여러 고난을 극복한 끝에 신라 중심인물이 된 그다. 이 과정에서 자신보다 강한 상대로부터 이런 식의 모멸감은 젊을 적부터 수없이 겪었던 일이었을 테니까. 그런 만큼 소정방에 대한 반응도 머리가 아닌 바로 행동으로 나온다.

소정방의 명이면 신라 장수 목도 달아난다는 것

은 당나라가 신라를 업신여기고 벌이는 행동임에 틀림없다. 그러나 엄연한 국제질서 속의 현실이기도 하다. 신라는 작은 나라이고 당나라는 세계를 좌지우지하는 커다란 나라이다. 백제에 파견된 군사 수만 해도 신라는 육해군 합쳐 당나라의 절반 수준밖에 되지 않으니까. 그렇다고 김문영의 목이 그대로 달아나게 둘 순 없다. 이는 국가 자존심의 문제이자 앞으로 있을지 모를 당과의 기세 싸움에 전초전이 될 것이기 때문. 김유신은 소정방의 오만한 행동을 보자 함께 온 신라 장수들에게 당당히 말한다.

"대총관이 황산의 전투를 보지도 않고 기일에 늦은 것으로 죄를 삼으려 하니, 나는 무고하게 치욕을 당할 수 없다. 기필코 당군과 결전을 벌인 뒤에 백제를 쳐부수리라."

이윽고 김유신이 도끼를 들고 김문영의 목을 베려는 군문 앞에 서니, 머리털이 꼿꼿이 곤추서고 허리춤에는 당장이라도 보검이 튀어나올 것 같은 분위기가 조성되었다. 소정방이 신라를 욕보이자 김유신은 이러한 당의 행동에 분노하며 신라가 당나라 속국이 아닌 연합전선을 벌이는 동맹국임을 다시금 상기시킨 것이다. 더 나아가 김유신이 군문 앞에서 보인 도끼는 신라 왕에게 자신이 군사 전임권을 위임받았음을 증명하는 물건이었다. 그런 도끼를 들고 군문 앞에 섰다는 것은 내 명령 한마디면 바로 이 자리에서 당과의 전쟁도 불사할 수 있음을 의미.

이와 같은 김유신의 행동에 소정방의 측근 동보량이 걱정되어 "신라군이 변란을 일으킬 것 같습니다."라 말하니, 소정방은 김문영의 죄를 용서하였다. 기세싸움에서 전혀 밀리지 않는 김유신을 보며 이 문제는 다음으로 미루기로 한 것. 아직 전쟁이 완전히 끝나지도 않은 상황에서 두 나라간 불미스러운 일이 벌어지면 유리했던 전황도 어떻게 급변할지 아무도 모를 일이었다. 양국의 기세 싸움은 급한 대로 이렇게 봉합되었다. 그리고 얼마 뒤 백제는 나당연합군에 의해 멸망하였다.

소정방이 이윽고 포로를 바치니 천자(당 고종)가 그를 위로하면서 말하길, "어찌하여 신라는 정벌하지 않은 것인가?"라고 하였다. 정방이 말하길, "신라는 그 임금이 어질고 백성을 사랑하며, 그 신하는 충성으로 나라를 섬기고 아랫사람이 그 윗사람을 섬기기를 마치 아버지나 형처럼 합니다. 비록 작지만 도모할 수가 없었습니다."라고 하였다.

　　백제 정벌 후 소정방은 의자왕을 포함한 백제 왕족, 신료 93명과 백성 1만 2000명을 포로로 당나라로 데려갔다. 이 중 상징적으로 의자왕을 포함한 백제 지배층 50명을 황제 바로 앞까지 데려가 바쳤는데, 웬걸? 이때 당 황제는 어째서인지 신라는 정벌하지 않았는가 물어보는 것이 아닌가? 그러자 소정방은 백제 정벌 당시 김유신에게 받은 인상이 무척 컸는지 신라가 왕을 중심으로 상하로 똘똘 뭉쳐 있어 도모할 수 없었다고 답하였다.

　　그렇다면 정말로 황제와 소정방의 대화처럼 당나라는 백제를 멸망시키는 김에 기회를 봐 신라마저 정벌하고자 했는지 궁금해진다. 이에 대한 이야기는 나중에 이어가도록 하자. 일단은 이곳 서포리 해변에서 충분한 휴식 시간을 가질 거라서. 룰루랄라. 오랜만에 자연을 느끼며 푹 쉬어야겠다.

2. 당성, 중국으로 가는 길

계림도대총관

오후 5시경이 되어 방아머리항 여객선터미널에 도착했다. 어제 덕적도에서 꿈에 그리던 밤하늘의 별을 실컷 보며 푹 쉬고, 오늘 오전에는 섬 한 바퀴 도는 버스를 타고 섬을 쭉 구경하였다. 다음으로 덕적도 초등학교, 중학교, 고등학교가 함께 있는 장소에 들러 아름다운 마을 풍경을 감상하며 쉬다가 바닷길을 따라 1.5㎞ 정도 걸어서 섬을 돌아 항구에 왔다. 오후 3시에 덕적도에서 출발하는 배를 타고 이곳으로 돌아왔다. 덕적도를 방문해보니 오래 전 이곳을 여행하여 잠시 잊고 있었는데 국내 어디에서도 만나기 힘든 맑은 공기 덕분에 놀랐고, 저녁부터는 작은 소음도 들리지 않을 만큼 매우 조용해서 감탄했다. 가끔씩 자연 그 자체가 그리울 때면 또 방문해야지.

배에서 내려 큰길로 나가 바로 택시를 잡았다. 집이 있는 안양으로 돌아가기 전 당성을 가려 함. 마침 여기서 택시를 타면 35분쯤 걸리니까 그리 멀지 않다. 자주 오는 장소가 아닌 만큼 온 김에 다 돌

덕적도에서 바라본 밤하늘. ©Hwang yoon

아봐야지. 쇠뿔도 단 김에 하하. 택시가 도착했으니
그럼 이동하며 어제 멈춘 부분부터 이야기를 이어가
볼까. 가만 있자, 어디부터 시작해야 하나? 음, 맞다.

660년 소정방은 백제를 무너트린 직후 자신의 전
공을 부여 정림사지오층석탑 몸통에 새겼으니, 이
를 '당평백제국비(唐平百濟國碑)'라 부른다. 당나
라가 백제를 평정했음을 알리는 비라는 의미로 백
제 입장에서는 치욕스럽게도 수도 사비성을 대표하
던 8.3m의 거대한 돌탑이 비석 역할을 맡게 된 것
이다. 오죽하면 지금도 탑 몸통에는 새겨진 글의 흔
적이 눈으로 보인다는 사실. 더 자세한 이야기는
《일상이 고고학, 나 혼자 백제 여행》에 있으니 참고~

한편 해당 비석에 따르면 당시 소정방은 사지절(使持節) 신구(神丘)·우이(嵎夷)·마한(馬韓)·웅진(熊津) 등 14도(十四道) 대총관(大摠管)이라는 어마어마하게 긴 관직을 지니고 있었다. 앞서 당나라 부사령관을 맡은 김인문의 관직이 신구도행군부대총관이며 여기서 신구도행군이란 신구도(神丘道) 방면을 원정(行)하는 군대(軍)라 하였는데, 여하튼 이보다 관직명이 길 뿐 마찬가지로 해석하면 된다.

1. 사지절(使持節)은 황제로부터 군사통수권을 부여받았음을 뜻한다.
2. 신구, 우이, 마한, 웅진 = 이번 원정의 목표인 백제 영역에 대한 명칭이다.
3. 14도(十四道) = 앞서 언급한 백제 영역 4곳 + 지명이 적혀 있지 않은 10곳.
4. 대총관(大摠管) = 총사령관.

종합해서 살펴보면 황제로부터 군사통수권을 부여받아 원정 시 백제 영역을 포함한 14도를 총괄하는 임무를 받은 이가 소정방이라는 뜻이다. 그렇다면 4곳의 백제 영역은 그렇다 치고 구체적 명칭이 등장하지 않은 나머지 10곳은 과연 어디였을까? 이와 관련하여 1999년 경상북도 김천시에서 흥미로운 비석의 파편이 발견되었다.

> 정사초당(精舍草堂)은 가림도행군총관(加林道行軍摠管) 시장군이 세운 것이다. 장군은 무황제(당고조)의 외손이자 태종문황제(당 태종)의 조카이다.
>
> 김천 당 시장군 정사초당비(金泉唐柴將軍精舍草堂碑)

해당 비석 파편에는 660년 가림도행군총관(加林道行軍摠管)이라는 관직을 받고 백제 원정군으로 참가했던 시철위라는 인물에 대한 내용이 담겨 있다. 그는 당나라를 건국한 당 고조의 외손이자 당 태종의 조카로 그가 맡은 가림도(加林道)는 지금의 충청남도 부여군 임천면에 있는 가림성 주변을 뜻한다. 즉 당시 시철위는 가림도로 진격하는 부대의 총관＝사령관을 맡았던 것.

이로써 백제 공격에 나선 14도(十四道) 행군마다 각각 총관이 배치되어 있었으며, 이러한 14명의 총관＝사령관들을 총괄하는 지위가 바로 소정방의 대총관＝총사령관이었음을 알 수 있다. 당시 14명의 총관 중에서 1명은 신라인으로, 그는 다름 아닌 신라 왕 김춘추로서 당시 우이도행군총관(嵎夷道行軍總管)을 맡고 있었다는 사실. 한마디로 신라 왕을 대신하여 김법민과 김유신이 이끈 신라 5만 병력의 경우 당나라 편성표에 따르면 우이도 행군에 속해 있는 부대라 하겠다. 이렇듯 소정방은 동맹군 내 서열상 신라 왕보다 위에 있었으니, 이 시점 소정방의 권위가 어느 정도였는지 알 수 있다.

다시 이야기로 돌아와 가림도행군총관을 맡은 시철위는 660년 전쟁이 끝난 후에도 한동안 당으로 돌아가지 않고 신라 영역인 김천시에서 머물다가 정사초당이라는 사찰을 짓게 된다. 이를 기념하여 세운 비석이 바로 김천 당 시장군 정사초당비(金泉唐柴將軍精舍草堂碑)라 하겠다. 해석하자면 당나라 시장군이 세운 정사초당에 대한 비석.

이와 유사하게 근래 중국에서 발견된 풍사훈 묘지명(馮師訓墓誌銘)에서는 당시 당나라 군대의 또다른 목적지가 표기되어 있었으니,

과거에 부여(夫餘, 백제)의 나라가 진한(辰韓)의 궁벽한 곳에 있었는데, 큰 바다에 의지하여 복종하지 않고 큰 산에 의지하여 공물을 바치지 않았다. 현경(顯慶) 4년(659) 계림도대총관(鷄林道大總管) 소정방은 정벌하라는 명을 받아, 부족하나마 이를 좇아 오랑캐를 치게 되었다. 소정방은 공(公, 풍사훈)의 계략이 뛰어나고 무리보다 빼어난 것을 알고, (당고종에게) 함께 정벌할 것을 주청하였다.

이 당시 풍사훈은 계략이 뛰어나 특별히 소정방이 황제에게 제안하여 백제 원정을 위해 준비 중이던 부대로 659년 합류하였다. 그런데 풍사훈이 합류한 부대를 지칭하며 계림도대총관(鷄林道大總管) 소정방이 등장하여 주목된다. 아무래도 당시 풍사훈이 합류한 계림도(鷄林道) 방면으로 원정(行)하는 군대(軍)를 포함한 총 14도 행군의 대총관이 소정방인 만큼 마치 앞서 본 신구도행군대총관의 예시처럼 각 예하 부대에서는 소정방에 대해 각각의 부대 명칭 + 대총관 이라는 표기도 사용했던 모양이다.

이처럼 풍사훈이 계림도로 진격하는 부대의 일원이었음을 알 수 있는데, 문제는 계림 = 신라 또는 경주를 의미한다는 것. 앞서 살펴보았듯 당나라에서는 보통 공격 목표로 삼은 지역을 부대의 명칭에 붙이곤 했던 만큼 소정방이 이끈 병력 내에는 신라를 적극적으로 공격하거나 또는 신라를 압박하여 종속국화시킬 의도를 지닌 부대도 존재했다는 의미. 여기까지 우리는 당평백제국비에서 소정방의 관직으로 언급된 14도(十四道) 중에 지명이 적혀 있지 않은 10곳의 장소 중 2개를 운 좋게도 현재까지 남아 있는 동시대 비석을 통해 파악해보았다.

물론 이 시점 신라인들은 당나라 부대에 편성된 김인문을 통해 나머지 8곳의 명칭도 지금의 우리와 달리 정확히 인식하고 있지 않았을까? 무엇보다 10 곳 중 계림 = 경주가 포함되어 있었기에 나머지 장소 또한 신라 입장에서는 위협을 느낄 만한 장소가 들어가 있을 가능성도 충분해 보인다. 이를 미루어 볼 때 당나라는 백제를 멸망시키는 과정에서 혹시나 신라가 빈틈을 보이거나 약한 모습을 보인다면 동맹 파트너로 인정하지 않고 오히려 병합 대상으로 여기고자 했던 모양이다. 이로써 아무리 동맹관계라 하더라도 완벽한 신뢰란 결코 있을 수 없음을 알 수 있다.

이는 현대에도 마찬가지니, 미국 역시 한국을 포함한 여러 동맹국을 몰래 도청하거나 외교, 군사, 경제적으로 압박하여 원하는 바를 얻어내는 모습을 자주 만날 수 있으니까. 동맹은 동맹일 뿐 한쪽이 약한 모습을 보이거나 실제로 약하다면 어떤 일이 벌어질지 알 수 없는 것이 힘을 바탕으로 움직이는 국제질서의 냉정한 현실이라 하겠다. 이 부분을 신라인들은 분명하게 인식하고 있었던 것이다.

당성과 망해루지

당성에 도착했다. 택시에서 내려 기사님께 인사하고 성을 향해 이동한다. 아무래도 산성이기에 여기서부터는 등산을 좀 해야 함. 당성(唐城)은 또 다른 명칭으로 당항성(唐項城)이라고 하며, 명칭 그대로 당나라로 가는 길목의 성이라는 의미다. 마치 해외여행을 위해 인천국제공항을 가면 이미 마음은 해외에 간 느낌이 들 듯 과거 신라 사람들은 이곳에 방문하는 순간 이미 마음은 당나라에 가 있지 않았을까? 참고로 당나라 유학을 가려다 하룻밤 자는 중해골에 고인 물을 마시고 깨우친 원효대사 이야기도 이곳 당성 근처를 배경으로 하고 있다는 사실. 이외에도 수많은 신라인들이 이곳을 통해 당나라로 갔었다.

당성은 7세기만 하더라도 둘레 610m의 1차 성벽뿐이었으나 통일신라시대인 9세기에 이르러 둘레 1.2km의 2차 성벽으로 확장되었다. 이때 1차 당성은 158m 높이의 구봉산 꼭대기를 포함한 산 윗부분에 타원형으로 쌓았는데, 이런 형식의 성을 산 정상부

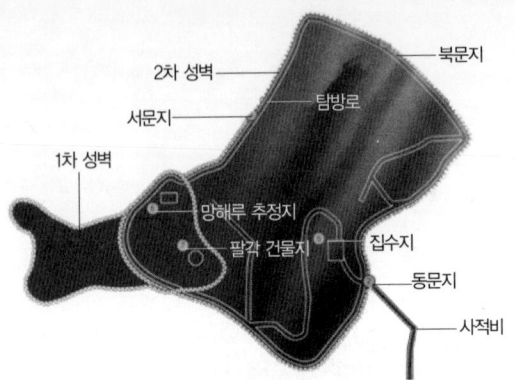

당성 구조. 7세기만 하더라도 둘레 610m의 1차 성벽뿐이었으나 통일
신라시대 들어와 9세기가 되자 둘레 1.2㎞의 2차 성벽으로 확장된다.

에 띠(= 테)를 두르듯 축조했다 하여 테뫼식 산성이
라 부른다. 반면 2차 당성은 산 정상을 포함하여 주
위 산 능선을 따라 성을 쌓아 조금 더 큰 형태를 보
이니, 이를 포곡식(包谷式) 산성이라 부른다. 뜻은
골자기(谷)를 + 감싼(包) + 산성. (267쪽 그림 참조)

나중에 기회가 되면 삼국시대에 축조된 산성에
대해 더 자세히 이야기하도록 하자. 오늘은 다른 주
제가 있으니 패스. 어쨌든 1차 성벽이 7세기 삼국통
일과 나당전쟁 시절에 세워진 당성이라는 점을 주
목하면 좋겠다. 다만 복원을 통해 어느 정도 성곽의
형태가 보이는 2차 성벽과 달리 1차 성벽은 복원이
거의 되지 않은 데다, 길도 좀 별로라서 오늘은 1차
성벽과 2차 성벽이 겹치는 위치인 망해루지를 목표
로 이동한다. 겹치는 장소인 만큼 1차 성벽 때도 2
차 성벽 때도 중요한 위치였음을 알 수 있다. 물론

당성에서 바라본 서해안 모습. 지금은 평야에 논과 공장이 있으나, 과거에는 저곳까지 밀물 때 바닷물이 들어왔다. ⓒHwang yoon

망해루지에 있던 건물은 오랜 세월을 지나며 이미 사라졌지만, 가장 높은 곳이라 주변이 훤하게 보이는 장소인 만큼 뷰가 가히 일품이라 하겠다.

휴, 오르고 또 오르다보니 어느덧 망해루지 도착. 태양은 어느덧 서쪽을 향해 빠르게 이동하고 있네. 조금 더 시간이 지나면 석양이 될 듯하다. 정상에서 바라보니, 저 멀리 송도 신도시의 번쩍번쩍한 건물부터 서해와 서해안의 여러 섬들이 보이고 산성 가까이로는 널찍한 평야와 공장이 위치하고 있다. 여기서 잠깐.

지금은 화성 당성이 있는 구봉산이 주위 간척사업으로 인해 바다와 꽤 떨어져 있으나 삼국시대만 하더라도 해안선이 지금보다 훨씬 안쪽으로 쑥 들어와 있었다는 사실. 바로 앞에 보이는 평야와 공장 지대가 과거에는 밀물 시 바닷물이 들어온 곳이었다. 그런 만큼 구봉산이 비록 높지 않는 산이지만 바다와 바로 인접한 곳인 데다 서해를 오가는 배들을 감시하기에 유효 적절한 위치였기에 이곳에 산성을 구축하여 선박이동 지원 및 혹시 모를 적의 공격에 대한 방어에 임했던 것이다.

백제가 고구려와 함께 모의하여 당항성을 빼앗아 당나라로 통하는 길을 끊으려고 하였으므로, 왕이 사신을 보내서 당나라 태종에게 위급함을 알렸다.

《삼국사기》 신라본기 선덕여왕 11년(642) 8월

실제로 신라는 551년에 진흥왕이 한강유역을 점령하면서 당성 가까이 위치한 항구를 중국 외교에 적극 활용하였다. 이곳을 장악하기 전까지만 하더라도 신라는 고구려, 백제에 비하여 중국 외교가 쉽지 않았다. 중국과 가까운 한반도 서쪽 지역을 고구려와 백제가 장악한 반면 신라는 동쪽에 위치함으로써 중국에 사신을 보내려면 고구려와 백제의 영토를 반드시 지나야 했으니까. 그 결과 고구려, 백제에 비해 중국의 여러 선진문물을 받아들이는 부분에서 어려운 상황이 지속되었다.

이런 문제를 극복하고자 진흥왕이 한반도 서쪽을 확보하자 비로소 신라는 고구려, 백제 못지않게 중국과 적극적인 외교를 이어갈 수 있게 된다. 상황이 이렇게 되자 고구려, 백제 역시 신라의 약점을 알고 있었던 만큼 당성을 공격하여 중국과의 교류를 막고자 했으니 한때 이 주변이 얼마나 중요하고 긴장감이 가득한 장소였는지 절로 이해가 된다.

유인궤가 황제의 칙지(勅旨)를 받들고 숙위 사찬 김삼광과 함께 당항진(党項津)에 도착하였다.

《삼국사기》 신라본기 문무왕 8년(668) 6월 12일

아! 맞다. 당성 가까이 위치한 항구 이름은 당항진이었다. 특히 위 기록처럼 신라뿐만 아니라 당나라 사신도 사용한 항구였다. 다만 7세기 중엽만 하더라도 한자로 당(唐) 대신 당(党)을 사용했던 모양. 아참~ 어제 덕적도로 이동하는 배를 타며 말하길 태자 김법민이 소정방을 만나기 위해 출발한 장소가 방아머리항 여객선터미널에서 남쪽으로 17㎞ 떨어진 화성 전곡항이라 하였는데, 실제로는 전곡항보다 안으로 쑥 더 들어온 당성 근처의 바다가 출발 지점이자 당항진이 위치한 장소였다. 지금은 간척사업으로 사라진 저기 보이는 평야 지역의 어디쯤에 다름 아닌 당항진이 위치했던 것.

당나라가 바라본 신라

자~ 그럼 아까 하던 이야기로 다시 돌아와야겠다. 당나라는 백제를 멸망시키는 김에 기회만 된다면 신라마저 장악하려는 의도를 보였다. 무엇보다이러한 의도를 660년보다 훨씬 전부터 은근슬쩍 보였다는 사실에 주목하자. 때는 선덕여왕 시절이다.

백제는 바다의 험난함을 믿고 병기(兵器)를 수리하지 않고 남녀가 어지럽게 섞여서 서로 연회만 베풀고 있는데, 내가 수십 수백 척의 배에 무장한 병사를 싣고 소리 없이 바다를 건너서 곧바로 그 땅을 습격하려 한다. 그런데 너희 나라는 부인(婦人)을 임금으로 삼아 이웃 나라의 업신여김을 받고 임금의도리를 잃어서 도둑을 불러들여 해마다 편안할 때가 없다. 내가 종친 한 사람을 보내 너희 나라의 왕으로 삼을 것인데, 혼자서는 왕 노릇을 할 수 없으니마땅히 군사를 보내서 호위하며, 너희 나라가 안정되기를 기다려서 너희에게 스스로 지키는 일을 맡기려고 한다.

　　이 당시 고구려와 백제가 신라를 끊임없이 공격하여 큰 위기가 닥치자 신라는 당나라에 사신을 보내 도움을 요청하였다. 그러자 당 태종은 신라 사신에게 다음과 같은 계책을 알려주었다. 다름 아닌 "당나라가 바다를 건너 백제를 공격하려 하건만, 신라는 여자가 임금이라 문제가 있다. 당 황실의 종친을 신라 왕으로 삼아 보낼 테니, 어떠한가?"라는 실로 놀라운 제안. 이는 당연하게도 신라를 크게 낮추는 발언이자 슬쩍 지배할 의도마저 내포한 주장으로 신라 입장에서는 결코 받아들일 수 없었다.

　　이뿐 아니라 당나라에서는 여왕이 즉위한 신라를 여러 모로 무시했는데, 선덕여왕이 즉위했음에도 한동안 왕으로 책봉하지 않다가 즉위 4년 만에 비로소 신라 왕으로 인정하여 책봉했을 정도였다. 이는 당시 기준으로 볼 때 상당히 이례적인 모습으로 보통 전왕이 죽으면 곧바로 다음 왕에 대한 책봉을 해주는 것이 외교적 관례였기 때문. 오죽하면 당 태종은 연개소문이 쿠데타로 영류왕을 죽이고 권력을 잡은 후 왕의 조카인 보장왕을 옹립했을 때마저 바로 다음해에 보장왕을 고구려 왕으로 책봉했다.

　　지금 기준으로 보면 한국에 대통령이 새롭게 즉

위했으나 미국에서 그를 인정하지 않은 채 한동안 정상회담을 진행하지 않는 등 외교적 결례를 보이는 경우라 할 수 있겠다. 만일 이런 일이 발생하면 대한민국 내부 여론은 어떤 모습을 보일지 한 번 상상해보자. 물론 미국에 대한 비판 여론도 있겠지만 오히려 미국에게 찍혔다며 새로 즉위한 대통령을 비판하는 여론도 비등하지 않을까? 신라 역시 마찬가지로 상황이 이러함에도 선덕여왕을 중심으로 똘똘 뭉친 김춘추, 김유신과 달리 비담과 염종처럼 "여자 임금은 나라를 잘 다스릴 수 없다."라며 난을 일으키는 세력도 있었다. 강대국과의 외교는 이처럼 내부 여론마저 고민해야 하는 등 결코 쉬운 일이 아닌가보다.

결국 난을 일으킨 비담과 염종은 김유신에 의해 제거되었으나 난이 한창일 때 선덕여왕은 죽었고, 이번에는 그의 사촌인 진덕여왕이 즉위하였다. 또다시 여왕의 등장. 다만 이때는 당나라도 여왕에 대해 어느 정도 익숙해졌는지 곧바로 신라 왕으로 책봉해주었다. 하지만 당나라에서 또다시 의구심을 가질 수도 있기에 신라는 외교적 담판을 통해 일을 해결하고자 한다. 사실상 차기 왕으로 예정되어 있던 김춘추가 직접 바다를 건너 당나라 태종을 만난 것이다.

이찬(伊湌, 신라 2등 관등) 김춘추와 그의 아들 문왕을 당나라에 보내 조공하였다. 당 태종이 광록경(光祿卿, 종3품) 유형을 보내어 교외에서 마중하고 위로하게 하였다. 이윽고 궁성에 다다르자 춘추의 용모가 영특하고 늠름함을 보고 후하게 대우하였다. 춘추가 국학(國學)에 나아가 석전(釋奠, 유교직 제사)과 강론(講論)을 참관하기를 청하자 태종이 이를 허락하였다. 아울러 자신이 친히 지은 '온탕비(溫湯碑)'와 '진사비(晉祠碑)' 및 새로 편찬한 《진서(晉書)》를 내려주었다.

어느 날 김춘추를 연회 자리에 불러 사사로이 만나서 금과 비단을 매우 후하게 주고 묻기를, "경(卿)은 마음에 품고 있는 것이 있는가?"라고 하였다. 춘추가 무릎을 꿇고 아뢰기를, "신(臣)의 나라는 바다 모퉁이에 치우쳐 있으면서도 천자(天子)의 조정을 엎드려 섬긴 지 여러 해가 되었습니다. 그런데 백제는 강하고 교활하여 여러 차례 함부로 침범해왔습니다. 더욱이 지난해에는 군사를 크게 일으켜서 깊숙이 쳐들어와 수십 개의 성을 쳐서 함락시켜 조회할 길을 막아버렸습니다. 만약 폐하께서 천조(天朝)의 군사를 빌려주시어 흉악한 것을 잘라 없애주시지 않으신다면 나라의 인민은 모두 포로가 될 것이니, 그렇다면 산 넘고 바다 건너 행하는 조회도 다시는 바랄 수 없을 것입니다."라고 하였다. 태종이 매우 옳다고 여겨서 군사의 출정을 허락하였다.

춘추가 또한 장복(章服, 나라의 공식복장)을 고쳐서 중국의 제도에 따를 것을 청하자 이에 내전(內殿)에서 진귀한 옷을 꺼내어 춘추와 그를 따라온 사람에게 주었다. 조칙(詔勅)으로 춘추에게 관작을 주어 특진(特進, 정2품)으로 삼고, 문왕을 좌무위장군(左武衛將軍, 종3품)으로 삼았다. 본국으로 돌아올 때 태종은 3품(品) 이상에게 조칙으로 명하여 연회를 베풀어 전송하니, 우대하는 예(禮)를 극진히 하였다. 춘추가 아뢰기를, "신에게 아들이 일곱 있습니다. 바라건대 폐하의 옆을 떠나지 않고 숙위(宿衛)할 수 있도록 해주십시오."라고 하였다. 이에 그의 아들 문왕과 대감(大監) ▨▨에게 머물면서 숙위할 것을 명하였다.

《삼국사기》 신라본기 진덕여왕 2년(648)

김춘추는 당 태종을 만나 신라와 당나라 간 외교 관계를 새롭게 정립하였다. 이를 통해 양국 간 외교가 기존보다 한 단계 업그레이드되었으니, 1. 신라는 공식복장을 당나라 식으로 바꾸고 2. 차기 왕이 될 김춘추의 아들들이 황제 옆에서 숙위를 하며 3. 더 나아가 당나라와 신라 간 군사적 협력을 강화시킨다는 내용이 그것이다. 이에 따라 당 태종은 김춘추에게 정2품의 높은 당나라 관직을 주었으며, 더 나아가 자신이 지은 글과 새로 편찬한 중국 역사서를 주는 등 극진하게 대우하였다. 실제로도 이후 당나라가 고구려, 백제보다 신라를 우대하는 외교정책을 펼치므로 김춘추의 외교는 대단히 성공적이었다고 할 수 있겠다. 마치 대한민국이 미국과 지금보다 한 단계 더 높은 동맹으로 격상한 것과 유사한 상황이랄까.

이쯤 되어 궁금한 점이 그동안 신라를 무시하던 당 태종이 갑자기 김춘추에게는 왜 이처럼 높게 대우해준 것일까? 사실 김춘추를 만나기 전인 645년, 당 태종은 고구려를 공격했는데, 이번 전쟁에 황제가 직접 병력을 이끌고 나설 정도로 남다른 의미를 부여했었다. 그러나 안시성을 함락하지 못하며 패배하고 말았으니, 그동안 승승장구하던 황제의 자존심에 큰 상처를 남기고 말았다. 마침 이때 당나라는 백제와 신라에게도 당나라를 도와 고구려를 공격하도록 제안했는데, 이에 신라는 3만 명의 병력을 북쪽으로 보내 고구려의 수곡성을 공격한 반면 백제는 오히려 군사를 일으켜 신라의 7개성을 빼앗는 모습을 보였다.

이 사건을 통해 당나라는 백제가 아닌 신라를 동

맹으로 최종 선택하게 된다. 고구려 정복을 위해서는 백제보다 신라의 적극적인 모습이 필요하다 여긴 것이다. 이후 이러한 분위기를 얼추 확인한 신라에서는 쐐기를 박고자 차기 왕이 될 김춘추를 사신으로 보내 당 태종과 양국이 원하는 바를 의견으로 나누었으니, 이들이 나눈 자세한 이야기는 다음 챕터에서.

신라의 끈질긴 외교

　김춘추와 당 태종이 직접 만나 맺은 밀약은 이로부터 23년이 지나 나당전쟁이 한창일 때 그 전모가 널리 밝혀졌다. 잠시 시간을 미래로 돌려 태자 김법민이 왕이 된 시점, 그러니까 문무왕 시절 이야기를 해볼까 한다. 670년부터 신라와 당나라 간 전쟁이 시작되자 당 태종의 아들인 당 고종은 신라를 공격하기 위해 당나라의 또 다른 명장 설인귀를 한반도 지역으로 파견하였다. 그동안 여러 전장에서 남다른 공을 세워 당 고종이 특별히 아낀 장수였다. 그렇게 전장에 도착한 설인귀는 문무왕과 편지를 주고받으며 설전을 이어갔으니,

　태종문황제(太宗文皇帝, 당 태종)는 기개가 천하에서 으뜸이고 정신은 우주에 왕성하여 쓰러지는 자를 떠받치고 약한 사람을 구하기에 날마다 쉼이 없어서 선왕(태종무열왕 김춘추)을 애처롭게 여겨 받아들이고 그 요청한 바를 가엾게 생각하여 들어주었습니다. 가벼운 수레와 날쌘 말, 아름다운 옷과

좋은 약으로 하루 동안에도 자주 만나 특별한 대우를 하였습니다. 선왕께서도 또한 이러한 은혜를 입고서 마주쳐 군사를 내어 떨치니 그 맞음이 물고기가 물을 만남과 같았고 쇠와 돌에 새긴 것보다 분명하였습니다. 거대한 궁궐에서 연이어 머물며 술을 마시고 금빛으로 빛나는 대궐의 계단에서 웃고 이야기하면서 군사 문제를 함께 의논하여 기일을 정해 응원하기로 하였습니다.

《삼국사기》 신라본기 문무왕 11년(671) 7월 26일, 설인귀의 편지

이때 설인귀는 문무왕에게 당 태종과 김춘추 간 교류에 대해 유독 강조했는데, 이를 통해 아버지와 달리 당나라를 따르지 않은 문무왕의 모습을 선왕에 대한 불효라 주장하였다. 당 측에서 당 태종과 김춘추가 군사문제를 의논했다고 먼저 언급하자 문무왕은 설인귀에게 곧바로 답변을 보내어 두 사람이 구체적으로 어떤 이야기를 나누었는지 밝혔다.

선왕(태종무열왕 김춘추)께서 정관(貞觀) 22년(648)에 중국에 들어가 태종문황제(당 태종)를 직접 뵙고서 은혜로운 칙명을 받았는데, "내가 지금 고구려를 치는 것은 다른 이유가 아니라, 너희 신라가 고구려, 백제 사이에 끌림을 당해서 매번 침략을 당하

여 편안할 때가 없음을 가엽게 여기기 때문이다. 산천과 토지는 내가 탐내는 바가 아니고 보배와 사람들은 나도 가지고 있다. 내가 두 나라를 평정하면 평양 이남과 백제 땅은 모두 너희 신라에게 주어 길이 편안하게 하겠다."라 하시고는 계책을 내려주시고 군사 행동에 대한 약속을 하였습니다.

《삼국사기》 신라본기 문무왕 11년(671) 7월 26일

문무왕이 설인귀에게 보낸 답서

다름 아닌 당 태종은 김춘추와의 만남에서 고구려를 멸망시키는 데 신라가 도움을 준다면 평양 이남의 영토와 백제 영역은 신라에게 주기로 약조했던 것이다. 해당 약조는 당나라는 당 태종 → 당 고종으로 신라는 태종무열왕 → 문무왕으로 양국 모두 2대에 걸쳐 이어졌으며, 실제로도 660년 백제, 668년 고구려 멸망 모두 나당연합군이 함께 이룩한 결과물이었다.

그러나 당나라는 백제, 고구려가 멸망하자 당 태종의 약조와 달리 은근슬쩍 평양 이남의 고구려 영토와 백제 영역을 신라에게 주지 않으려 하는 것이 아닌가? 더 나아가 무례하게도 동맹국인 신라까지 공격하려는 의도마저 불쑥불쑥 선보였다. 이러한 당나라 태도로 인해 나당전쟁이 발생할 수밖에 없

었다고 문무왕은 주장한 것이다. 더하여 해당 논리에 따르면 당 태종의 약속을 지키지 않은 당 고종이 오히려 아버지에 대한 불효가 되는 상황이라 하겠다. 문무왕의 제대로 된 받아치기라 할까? 하하.

이제 다시 과거로 돌아와서 그렇게 신라와 당나라 간 한 단계 더 업그레이드된 외교 관계를 정립한 김춘추였으나, 큰 문제가 발생하게 된다. 양국 간 약속의 대상이었던 당 태종이 김춘추를 만난 후 얼마 뒤인 649년에 52세의 나이로 죽은 것이다. 다음 황제가 된 당 고종이 아버지의 약속을 지킬지 알 수 없는 상황이 되자 김춘추는 650년에는 첫째 아들 김법민을 651년에는 둘째 아들 김인문을 연속해서 당나라 사신으로 보내며 새 황제에게 약속을 상기하도록 했다. 그러던 중 654년 진덕여왕이 죽자 신라 왕에 오르니, 역사에는 그를 태종무열왕으로 기록한다.

고구려가 백제와 말갈과 더불어 군사를 연합하여 우리의 북쪽 변경을 침략하여 33성을 탈취하였다. 왕이 당나라에 사신을 보내 구원을 요청하였다.

《삼국사기》 신라본기 태종무열왕 2년(655)

3월에 당나라가 영주도독(營州都督) 정명진과

좌우위중랑장(左右衛中郞將) 소정방을 보내서 군사
를 일으켜 고구려를 쳤다.

《삼국사기》 신라본기 태종무열왕 2년(655) 3월

어쨌든 분명한 점은 신라와 당나라 관계가 태종
무열왕이 즉위한 이후 더욱 긴밀해지고 있었다. 고
구려가 백제, 말갈과 함께 신라를 공격하여 이를 당
나라에 알리자 곧바로 당나라가 고구려 서쪽을 공
격하는 방법으로 압박하여 포위당한 신라를 풀어줄
정도였으니까. 다만 신라가 간절히 원하던 백제 공
격은 여전히 진행되지 않았는데, 당나라 입장에서
는 대군이 배를 타고 바다를 건너야 하는 만큼 실행
하기에 결코 쉽지 않은 작전이었기 때문. 병력을 이
동하려면 무려 1000여 척 이상의 배가 필요했다.

백제가 자주 변경을 침범하므로 왕이 장차 백제
를 치려고 당나라에 사신(김인문)을 보내 군사를 요
청하였다.

《삼국사기》 신라본기 태종무열왕 6년(659) 4월

그럼에도 불구하고 태종무열왕은 끈질기게 당나
라로 사신을 보내며 나당연합군을 조성하기 위한
노력을 이어갔다. 이 과정에서 맹활약한 인물이 다

름 아닌 둘째 아들 김인문이다. 그는 당나라로 사신으로 파견된 후 오랜 기간 체류하면서 황제 곁에서 신라 입장을 대변했으며, 659년 나당연합군 조성을 위해 다시 한 번 더 당나라로 건너가서 설득작업에 매진하였다. 이토록 노력한 결과 이듬해인 660년 3월 당 고종은 드디어 소정방에게 13만 대군을 이끌고 백제를 공격하도록 명하였다. 당연히 신라 측도 관련 계획에 따라 김법민과 김유신이 5만 대군을 이끌고 백제로 진격하였다. 물론 100척의 배와 6000~1만 명의 신라 수군도 플러스.

그렇게 양 방향으로 나당연합군이 밀려오자 의자왕이 항복하면서 백제는 멸망하고 말았는데, 이 시점부터 신라와 당나라 간 묘한 긴장감이 일기 시작했다. 우선 앞서 살펴보았듯 소정방이 신라의 기세를 꺾으려다 김유신과 대립한 사건이 있었고, 다음으로는 소정방이 신라 왕과 신하 사이를 이간질하려다 실패한 일이 있었으니까.

이 싸움에서 김유신의 공이 많았다 하여 당나라 황제가 그것을 듣고는 사신을 보내 그를 포상하고 칭찬하였다. 장군 소정방이 김유신, 김인문, 김양도 세 사람에게 말하길,

"나는 편의에 따라 일을 처리하라는 명을 받았

소. 지금 백제의 땅을 얻었으니 공들에게 나누어 주어 식읍(食邑)으로 삼게 하여 그 공에 보답하려고 하는데 어떻소?"라고 하였다.

유신이 대답하여 말하길, "대장군께서 황제의 군사를 거느리고 와서 우리 임금의 기대에 부응해 우리나라의 원수를 갚아주셨습니다. 저희 임금과 온 나라의 신하와 백성들은 기뻐서 손뼉 치느라 다른 겨를이 없는데, 저희들만 유독 내려주시는 것을 받아 스스로 이롭게 한다면 그것이 어찌 의롭다고 하겠습니까?"라고 하고는, 끝내 받지 않았다.

《삼국사기》 열전 김유신

백제 멸망 후 소정방은 김유신과 김인문 등에게 황제를 대신하여 백제 영토를 식읍으로 나누어주겠다는 놀라운 제안을 하였다. 참고로 식읍이란 부여한 땅의 조세와 노동력을 징발할 수 있는 권리를 주는 것으로 사실상 식읍 안에서는 왕과 다름없는 강력한 권한을 가질 수 있었다. 이처럼 백제 영토를 신라 신하들에게 나누어주면 자연스럽게 이들이 신라 왕과 대립하여 당 황제에게 충성하리라 여긴 것이다. 하지만 김유신은 소정방의 의도를 깨닫고 단번에 해당 제안을 거절하였다.

당나라 사람들은 이미 백제를 멸망시키자, 사비
의 언덕에 진영을 설치하고 신라를 침략하려고 은
밀하게 계획을 세웠다.

《삼국사기》 열전 김유신

그러던 중 당나라가 신라까지 공격하려던 은밀
한 계획마저 들통나고 말았다. 관련 정보는 아무래
도 당나라 군대에 속해 있던 김인문이 알려준 것으
로 보이는데, 소식을 들은 김유신은 신라군을 몰래
백제군으로 변장하여 당나라를 공격하자며 당나라
에 대한 강경책을 주장하였다. 물론 김유신 의견은
실행에 옮겨지지는 않았으나 사실상 이 시점부터
신라는 당나라를 단순한 동맹이 아닌 언제든 국익
에 따라 신라와 척을 질 수 있는 대상으로 인식하게
된다.

오죽하면 이때 당나라 실체를 제대로 경험해서
인지 몰라도 태자 김법민, 즉 문무왕은 661년 왕이
되자 아버지 태종무열왕과 달리 당나라에 대한 무
한한 신뢰를 바탕으로 한 외교가 아닌 적당히 눈치
와 거리를 둔 채 신라 국익을 제일 우선시하는 외교
술을 선보였다. 660년의 사건이 나름 큰 경험이 된
것. 이처럼 신라군이 김유신을 필두로 긴장을 누그
러트리지 않고 대비하자, 소정방은 신라 공격은 포

기한 채 백제 멸망에만 만족하고 당나라로 돌아갈 수밖에.

그렇다면 왜 당시 당나라는 백제를 멸망시킨 김에 동맹국인 신라까지 병합하고자 한 것일까? 그 이유는 신라가 수년간 여러 차례 사신을 보내며 공을 들인 외교로 인해 도리어 당 입장에서는 신라의 실력을 상대적으로 낮게 평가했기 때문이다. 당나라 도움 없이 고구려, 백제 사이에서 버티기 힘들 정도로 약한 존재라면 백제를 멸망시킨 기세로 곧바로 신라까지 장악할 수 있겠다는 욕심마저 든 것이다. 뿐만 아니라 불과 얼마 전까지만 하더라도 여왕이 연속으로 즉위할 정도로 내부 사정마저 좋지 않아 보였으니까.

하지만 막상 병력끼리 만나보니 신라가 육군 5만 + 해군 6000~1만을 동원할 정도로 군사적인 능력을 꽤 갖춘 데다 김유신을 중심으로 한 군부의 신라 왕에 대한 충성도가 상당했기에 당장은 정복이 쉽지 않다고 여긴 것이다.

그런데 사실 이뿐 아니라 당나라가 신라 병합을 포기한 이유가 하나 더 있었다.

3. 승리의 역사를 담은 사천왕사

해상보급

슬슬 어두워지니 이제 빠른 걸음으로 산 아래로 내려가자. 당성 근처 버스 정류장에서 버스를 타면 단번에 군포 금정역까지 갈 수 있으며 금정역에서 4호선을 타면 안양에 있는 집까지 금방 도착한다. 물론 버스로 이동하는 길이 참으로 멀고 멀지만. 스마트폰을 꺼내 확인해보니까 곧 버스를 탈 수 있을 듯하구나. 얼마 뒤 버스가 도착하여 탑승. 그럼 의자에 앉아서 오늘 이야기의 마지막을 이어가볼까?

660년 백제 영토에 들어선 당나라군은 사실 커다란 약점이 하나 있었다. 무려 13만이나 되는 대군인지라 웬만한 국가는 대항하기 힘들 정도의 힘을 갖추고 있었으나, 숫자가 숫자인 만큼 이들을 먹이려면 당연히 어마어마한 식량이 필요했다. 문제는 당나라 장수 유인궤가 관련 일을 진행하던 중 군량을 실은 배가 전복되어 사상자가 대거 발생하는 사건이 발생한 것. 얼마나 큰 사건으로 인식되었던지 당시 유인궤는 59세의 나이임에도 이번 백제 공격에 백의종군, 즉 관직이 면직된 채 참여했을 정도였다.

물론 백제에서 공을 세워 관직을 다시 받긴 했지만. 사실상 당시 소정방이 이끄는 당나라군은 장기간 작전을 펼칠 만한 군량을 지니지 못하고 있었다.

낭장(郎將) 유인원이 군사 1만 명으로 사비성에 머무르며 지켰는데, 왕자 인태(태종무열왕 다섯째 아들)가 사찬(沙湌) 일원 급찬(級湌) 길나와 함께 군사 7000명으로 그를 보좌하였다. 소정방은 백제의 왕 및 왕족과 신료 93명과 백성 1만 2000명을 데리고 사비에서 배를 타고 당나라로 돌아갔다. 김인문과 사찬 유돈, 대나마(大奈麻) 중지 등이 함께 갔다.

《삼국사기》 신라본기 태종무열왕 7년(660) 9월 3일

이러한 상황에서 만일 신라군과 사이가 완전히 틀어질 경우 당나라군은 군량이 부족한 데다 완벽하게 적진에 둘러싸인 상황이 되고 만다. 이 지경이 되면 신라 정복이 문제가 아닌 당나라군의 생존이 문제라 하겠다. 뿐만 아니라 바다를 건너 돌아가는 과정에서 적국이 된 신라, 더 나아가 고구려 해군의 공격도 발생할 수 있었다. 소정방이 여기까지 고민했는지 몰라도 신라와 당나라는 다시금 화합을 하게 된다. 아직까지는 분명 서로의 힘이 도움이 될 상황이었으니까. 당연히 신라 측은 김인문 등을 통

해 당나라 군대의 상황을 무척 잘 알고 있었을 듯.

이에 따라 당나라 1만 명과 신라 7000명이 군사 동맹을 유지하며 백제 수도였던 사비성을 함께 지키고, 나머지 당나라 병력은 소정방과 함께 당나라로 돌아가되 당 황제를 만나 신라 측 입장을 전달하고자 김인문도 이들과 함께하였다. 그렇게 660년 나당연합군을 결성하여 함께 작전을 펼치면서 신라는 당나라의 약점을 분명하게 인식할 수 있게 된다. 아무리 엄청난 힘을 지닌 대군일지라도 먼 거리 원정으로 인해 군량이 부족해지면 그 힘을 오래 유지할 수 없다는 점이 바로 그것. 이 세상에 안 먹고 싸울 수 있는 사람은 그 누구도 없으니 말이지.

문두루비밀법

어느덧 해가 져서 유리창은 버스 내부를 비추어 바깥이 잘 보이지 않는다. 풍경을 제대로 볼 수 없어 스마트폰으로 잠시 뉴스를 보다가 눈이 피곤하여 덮는다. 가만히 눈을 감고 어제 만난 덕적도 바다를 떠올려본다. 참으로 아름다운 풍경이었지. 물론 내가 방문한 날은 바람과 파도가 잔잔하여 아름다운 풍경을 충분히 즐길 수 있었던 것인데, 만일 바람과 파도가 엄청나게 강했다면 배 자체가 뜨지 못했을 것이다. 이렇듯 바다로 이동하는 배는 바람과 파도에 따라 천지 차이의 움직임을 보여준다. 여기까지 생각이 이어지자 나당전쟁 시절 당 수군 침몰 사건이 자연스럽게 생각나는구나.

이때 당나라의 유격대와 여러 장병들이 머물러 있으면서 장차 우리를 습격하려고 계획하는 것을 왕이 알고 군사를 일으켰다. 이듬해에 당나라의 고종이 김인문 등을 불러서 꾸짖어 말하기를, "너희들이 우리 군사를 청해 고구려를 멸하고도 우리를 해

치려는 것은 무슨 까닭이냐?"라고 하고, 곧 옥에 가두고 군사 50만 명을 조련하여 설방(薛邦, 설인귀)을 장수로 삼아 신라를 치려고 하였다.

이때 의상법사가 서쪽 당나라로 가서 유학하고 있다가 김인문을 찾아보았는데, 인문이 해당 사실을 알렸다. 의상이 곧 귀국하여 왕에게 아뢰니, 왕이 매우 염려하여 여러 신하들을 모아놓고 방어책을 물었다. 각간(角干) 김천존이 아뢰기를, "근래에 명랑법사(明朗法師)가 용궁에 들어가서 비법을 전수해왔으니 그를 불러 물어보십시오."라고 하였다.

명랑이 아뢰기를, "경주 낭산 남쪽에 신유림(神遊林)이 있으니, 그곳에 사천왕사(四天王寺)를 세우고 도량을 개설함이 좋겠습니다."라고 하였다. 이때 정주(貞州, 경기도 개풍군)에서 사자가 달려와서 보고하기를, "당나라 군사들이 수없이 우리 국경에 이르러 바다 위를 순회하고 있습니다."라고 하였다.

왕이 명랑을 불러서 말하기를, "일이 이미 급박하게 되었으니 어찌하면 좋겠소?"라고 하였다. 명랑이 말하기를, "채색 비단으로 절을 임시로 지으십시오."라고 하였다. 이에 채색 비단으로 절을 짓고, 풀로 오방신상(五方神像)을 만들고, 유가명승(瑜伽名僧) 12명이 명랑을 우두머리로 하여 문두루비밀법(文豆婁秘密法)을 지으니, 그때에 당나라와 신라의 군사가 싸우기도 전에 풍랑이 크게 일어 당나라의 배가 모두 물에 침몰하였다. 그 후 절을 고쳐 짓고 사천왕사라고 했는데, 지금까지 단석(壇席)이 남아 있다.

《삼국유사》 기이 문무왕 법민 문두루비밀법(文豆婁秘密法)

《삼국유사》에는 나당전쟁 시절 흥미로운 이야기가 하나 전해지고 있다. 당나라가 신라를 공격하려고 수군을 파견하자, 이들을 막고자 김천존의 의견에 따라 경주 낭산에서 명랑법사를 중심으로 고승 12명이 모여 기도를 하였다. 이를 문두루비밀법이라 하는데, 놀랍게도 기도가 통했는지 바람과 파도가 크게 일어 당나라 배가 침몰한 것이 아닌가. 이후 문무왕은 이곳에 사천왕사라는 사찰을 건립하게된다. 단지 이 내용만으로는 과장이 심한 너무나 신기한 사건처럼 다가올 뿐이나 이와 연결되는 중국 측 기록이 실제로 존재한다는 사실.

군(君)의 이름은 행절이고, ▨▨해 태원인이다. …바야흐로 청구(신라)가 명을 어기고 현토(고구려)가 재난을 일으켰다. 많은 장군들은 공이 군사 일을 학습하였고 행군 포진에 책략을 가지고 있다고 생각하여 모두를 황제에게 공을 계림도판관 겸 자영 총관으로 임명할 것을 상소하였다. 또 공을 압운사로 봉할 것도 아뢰었다. 이에 배를 타고 전장으로 갔는데 돛대를 올리고 출항하여 바다로 나아갔다. 수군의 배들이 요천에 도착했을 때 갑자기 큰 파도가 일어났다. 많은 배들이 부서졌고 많은 장군들과 군사들이 죽고 물속으로 가라앉았다. 이 일은 당 함형 2년(671)에 일어났고 당시 공은 나이 41세에 죽었다.

당나라 곽행절 묘지명

곽행절은 계림도행군총관(鷄林道行軍摠管) 설인귀가 이끄는 병력에 판관으로 참전하여 수군을 이끌고 한반도 전장에 투입되었으나, 큰 파도로 전함이 침몰하면서 익사한 인물이다. 뭐 이쯤 되면 다들 해석이 되겠지만 계림도도행군이란 계림도(鷄林道, 경주 또는 신라) 방면을 원정(行)하는 군대(軍)라는 뜻이며 설인귀의 직함인 총관은 사령관을 뜻한다. 다만 판관은 새로운 용어라 설명이 필요한데, 총관을 도와 군사 실무를 지휘, 담당하는 직이라 하겠다. 즉 곽행절은 신라를 원정하는 군대에서 설인귀를 돕는 중요한 임무를 맡았던 것이다.

이 정도 인물이 파도로 인해 배가 침몰하며 익사했으니, 당나라 측 피해가 상당했음을 짐작할 수 있다. 무엇보다 사고가 발생한 장소는 정주(貞州, 경기도 개풍군)로 개성 근처의 바다인 만큼, 어제 만난 덕적도 바다보다 조금 북쪽이다. 이를 미루어 볼 때 당시 당 수군은 서해안에서 신라 수군과 대립하며 바다에 정박하던 중 사고를 당한 것으로 보인다.

> 왕이 대아찬(大阿飡) 철천 등을 보내어 병선(兵船) 100척을 거느리고 서해를 지키게 하였다.
>
> 《삼국사기》 신라본기 문무왕 11년(673) 9월

마침 기록에 따르면 나당전쟁 시점에도 신라수군의 100척 배가 서해에 위치하고 있었다. 660년 덕적도에 위치한 소정방을 만나러 갈 때도 100척의 신라 배가 동원된 것으로 미루어 볼 때 이들 6000~1만 명 규모의 신라 수군은 서해안 구조를 세상 그 누구보다 잘 알지 않았을까? 특히 한반도 서해안은 유독 섬과 갯벌이 많아서 이곳 바닷길이 익숙하지 않으면 공략이 쉽지 않은 지역인지라 당나라 입장에서는 지형을 잘 아는 신라 수군이 상당히 거추장스러운 존재였다. 더하여 신라 수군은 백제, 고구려 멸망 때 당나라군과 합동 작전도 수차례 펼친 만큼 당 수군의 장점과 약점도 무척 잘 알고 있었겠지.

그래서일까? 나당 전쟁이 시작되자 신라 수군에 의한 당나라군의 피해는 상당했으니.

당나라 조운선(漕運船) 70여 척을 쳐서 낭장(郞將) 겸이대후와 병사 100여 명을 사로잡았으며, 이때 물에 빠져서 죽은 사람은 셀 수 없을 정도로 많았다.

《삼국사기》 신라본기 문무왕 11년(673) 10월 6일

설인귀가 천성(泉城, 파주)을 공격해왔다. 우리 장군인 문훈 등이 맞서 싸워 이겼는데, 1400명을 목베고 병선(兵船) 40척을 빼앗았다. 설인귀가 포위를 풀고 달아나자 전마 1000필을 얻었다.

《삼국사기》 신라본기 문무왕 15년(675) 9월

사찬(沙湌) 시득이 수군을 거느리고 설인귀와 소부리주(所夫里州, 부여)와 기벌포(伎伐浦, 금강 하류)에서 싸웠는데 연이어 패배하였으나 다시 나아가 크고 작게 22번 싸워 이기고, 4000여 명을 목 베었다.

《삼국사기》 신라본기 문무왕 16년(676) 11월

나당전쟁이 벌어지자 당나라 수군은 신라가 예상하지 못한 지역을 바다를 건너 급습하거나 또는 남쪽으로 진격한 육군에게 필요한 식량과 군수품을 지원하는 수송 임무를 수행중 번번이 신라 수군에게 걸려 깨지게 된다. 그렇게 지원이 끊겨 당나라

육군의 활력이 떨어지면 곧바로 신라군이 반격하는 모습이 이어졌다. 앞서 이야기했듯 군량미가 부족하면 아무리 강력한 대군도 움직임이 둔화될 수밖에 없으니까. 이렇듯 전쟁이 시작되자 신라는 당나라 약점을 제대로 물고 끝까지 놓지 않았다.

> 신(臣)이 거느린 수군만 헤아려봐도 총 6200여 명이었는데
>
> 선조 26년(1593) 8월 10일자 이순신 장계 중

이와 유사한 모습이 마침 우리 역사에 또 있었으니, 임진왜란이 바로 그러하다. 당시 일본은 16만 대군이 배로 한반도에 건너왔으며 그동안 조선이 경험하지 못한 엄청난 대군인 만큼 파죽지세로 한양까지 진격하는 등 초반에 보인 일본군의 힘은 가히 대단하였다. 그러나 서해안 못지않게 복잡한 구조를 지닌 남해안에서 이순신이 이끄는 6200여 명의 조선 해군에게 일본 해군이 번번이 깨지면서 북쪽으로 진격한 육군에게 보낼 해상보급이 막히고 만다. 그 결과 일본 육군이 후퇴하면서 전선이 크게 축소되는 바람에 경상도 남해안 지역만 일본이 간신히 장악하는 구조로 향후 전쟁이 고착되었다.

이해하기 쉽게 임진왜란 이야기를 잠시 하였는

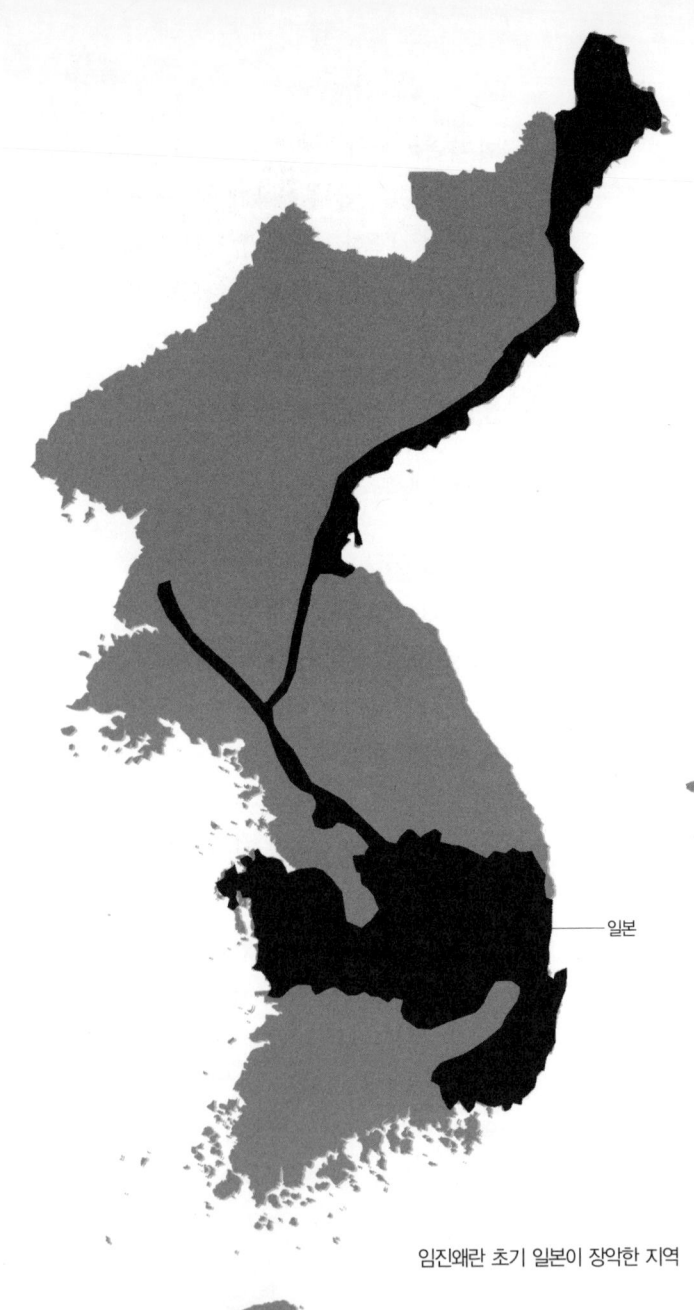

일본

임진왜란 초기 일본이 장악한 지역

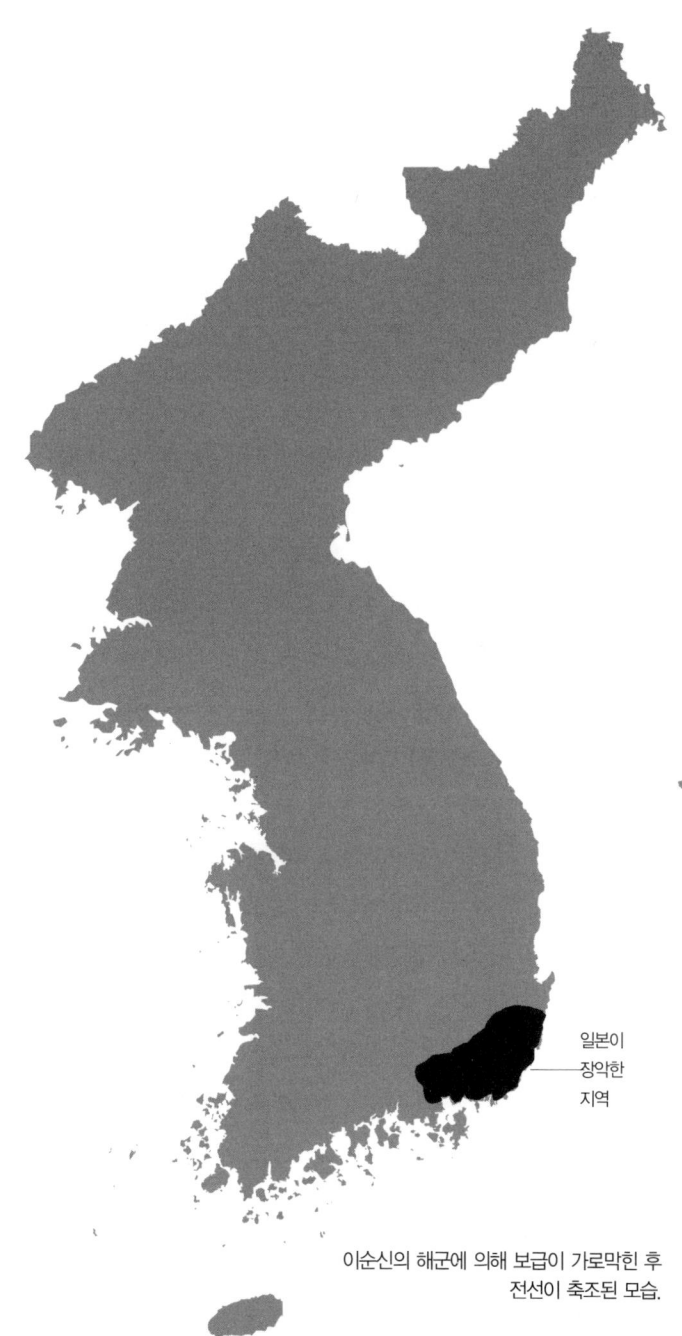

일본이
장악한
지역

이순신의 해군에 의해 보급이 가로막힌 후
전선이 축조된 모습.

데, 나당전쟁도 유사한 구도가 그려졌다고 이해하면 좋을 듯하다. 신라 수군의 활약으로 인해 그 강력한 당나라 육군이 제대로 된 힘을 보일 수 없었으니까. 그렇게 수군의 힘을 제대로 경험한 문무왕은 나당전쟁이 끝난 직후인 678년 들어와 선박관리와 해군을 담당하던 선부(船府)를 기존의 군사업무를 맡은 병부(兵部)의 일개 하부조직이 아닌 아예 독립적인 중앙관청으로 승격시켰다. 지금 기준으로 해석해본다면 한때 육군 하부조직으로 존재하던 해군을 완전히 독립시켜, 이후 육군, 해군 각각 따로 관리했다고 이해하면 되겠구나. 그만큼 문무왕의 해군에 대한 관심이 지극했던 것이다.

여기까지 살펴보았듯이 신라 수군은 나당전쟁 때 세운 공이 남달랐으며 이는 곧 상당한 실력자가 수군을 관리했음을 의미한다. 당시 신라 수군을 이끈 대아찬(大阿湌, 5등 관등) 철천과 사찬(沙湌, 8등 관등) 시득이 바로 그 주인공이다. 만일 이순신의 난중일기처럼 이들에 대한 여러 기록이 남아 있다면 더 상세한 이야기를 할 수 있을 텐데, 수군을 관리했다든지, 당나라군을 상대로 승리했다는 내용 외에는 기록이 빈약하여 너무나 아쉽다. 강대국 수군을 상대로 승리한 인물인 만큼 조선의 이순신 못지않은 어마어마한 공을 세운 것이니 이들의 이름을 반드시 기억해두어야겠다.

여기까지 살펴보자 문두루비밀법은 사실 신라정부 측에서 계획한 이벤트가 아니었을까 하는 생각도 든다. 다들 알다시피 한반도에는 매년 태풍이 7, 8월에 불어오는데, 설인귀가 수군을 이끌고 온 시점도 때마침 671년 7월이었다. 그리고 설인귀를 보좌하던 곽행절이 파도로 침몰한 배와 함께 익사한 시점도 671년이었다. 즉 자연스럽게 태풍이 불어올 시점에 맞추어 국가적인 기도를 올렸고 때마침 당나라 수군이 태풍으로 큰 피해를 입은 반면, 신라 수군은 미리 대비하여 큰 피해를 입지 않자 이를 널리 선전하며 이번 전쟁에 있어 하늘과 부처님도 신라를 돕는다는 식으로 홍보를 한 것이다.

당연히 문무왕을 포함한 신라 수뇌부는 충분한 정보수집과 경험을 통해 당 수군이 풍랑에 좌초될 위험이 높다는 사실을 사전에 충분히 인지하고 있었다. 이러한 상황에서 신라 백성과 신라군의 정신력 강화를 위한 심리전의 일환으로 문두루비밀법을 시행하여 성공시켰기에, 단순한 전쟁 수행력뿐만 아니라 다양한 사기진작 방법까지 두루두루 갖췄음을 알 수 있다. 과연 신라가 당시 세계 최강국인 당나라를 그냥 이긴 것이 아니었구나. 확실히 꾀가 비상하면 여러 모로 도움을 준다니까.

사천왕의 놀라운 힘

주로 도시가 아닌 지역을 지나가는지라 크게 밀리지 않고 버스는 계속 신나게 달린다. 그럼 덕적도를 포함한 서해바다를 추억하기 위해 감았던 눈을 다시 뜨고 스마트폰에서 과거 사진을 한 번 찾아볼까? 경주에서 찍은 사진이 분명히 있을 텐데 말이지. 오호라. 찾았다. 예전에 국립경주박물관에서 찍은 사천

사천왕사지 전경. 서 목탑과 동 목탑 자리가 보인다. 서 목탑은 최근 기단부가 복원되어 3종류의 신장상이 8세트 배치되었다. ⓒPark Jongmoo

왕사지 녹유신장상이 여전히 남아 있구나. 그럼 녹유신장상에 대한 설명에 앞서 경주 낭산 남쪽에 위치한 사천왕사지에 대한 이야기를 먼저 해볼까 한다.

지금은 사찰 건물이 사라졌기에 址 = 터라는 의미의 한자를 붙여 경주 사천왕사지(四天王寺址)라고 부르나 이곳은 본래 나당전쟁이 끝나고 얼마 지나지 않은 679년에 사천왕사가 창건된 장소였다. 나당전쟁 때 승리를 기원하기 위한 기도처에다 사찰을 건설함으로써 신라의 승리를 오래오래 상징토록 한 것이다. 그런데 왜 독특하게도 사천왕을 모신 사찰을 세운 것일까?

사천왕이 부처님께 아뢰었다.

"어떤 임금이 이 경(금광명경)을 들을 적에, 이웃 나라에서 나쁜 생각으로 군대를 일으켜 이 나라를 치려고 하더라도, 세존이시여, 이 경의 가피력으로 이웃 나라에 다른 원수가 쳐들어가서 난리가 생길 것이며, 그 나라 안에 여러 가지 시끄러운 일과 재변과 질병이 일어나게 되나이다. (중략)

여러 가지 무서움과 갖가지 재난이 생기도록 만들면, 저 원수의 군대가 이 나라까지 침노하여 오지도 못할 것인데, 어떻게 이 나라를 파괴할 수 있겠나이까.

금광명경(金光明經) 사천왕품

《금광명경》이라는 경전에 따르면 사천왕이 나라의 재난뿐만 아니라 적의 공격마저 막아준다는 내용이 있다. 해당 경전은 4세기 인도 굽타왕조 때 성립된 것으로 부처의 힘으로 나라를 지킨다는 호국불교 성격을 지니고 있어, 신라뿐만 아니라 고려시대까지 국가적인 후원으로《금광명경》과 관련한 의식이 개최되곤 했었다. 이것이 다름 아닌 사천왕사를 낭산 아래 세운 이유라 하겠다. 사천왕의 도움으로 나당전쟁에서 신라가 승리한 만큼 이후에도 계속하여 나라를 지켜달라는 의도였지. 하지만 사천왕사가 세워지자 놀라운 효과가 하나 더 발생했다.

사천왕사지 녹유신장상 3점 가운데 1점. 참고로 일반적인 인식과 달리 이들 3점은 사천왕을 묘사한 작품이 아니다. ©Hwang yoon

사천왕사지 녹유신장상 3점 가운데 2점. ©Hwang yoon

©Hwang yoon

왕(선덕여왕)이 아무런 병도 없는데 여러 신하에게 말하기를 "짐은 모년 모월일에 죽을 것인즉, 나를 도리천(忉利天)에 장사를 지내도록 하여라."라 하였다. 신하들이 그 곳의 위치를 몰라 "어느 곳입니까?" 하니 왕이 말하기를 "낭산 남쪽이다."라 하였다. 모월일에 이르러 과연 왕이 승하하시므로 신하들이 낭산의 양지바른 곳에 장사지냈다. 그 후 10여 년이 지난 뒤 문무왕이 사천왕사(四天王寺)를 왕의 무덤 아래에 창건했다. 불경에 이르기를 사천왕천(四天王天)의 위에 도리천이 있다고 하였으므로, 그제야 대왕의 신령하고 성스러움을 알 수 있었다.

《삼국유사》 기이 선덕여왕

불교 세계관에 따르면 세계의 중앙에 산이 우뚝 솟아 있으니 이를 수미산이라 부른다. 그리고 이곳 꼭대기에는 불법을 수호하며 하늘을 다스리는 제석천(帝釋天)이, 산 중턱에는 동서남북을 호위하는 사천왕이 위치하고 있다. 그렇게 제석천이 다스리는 산 정상의 공간을 도리천이라 하는데, 소위 극락이자 이상세계로 여겨진다.

이러한 불교 세계관은 신라에 큰 영향을 주었으니, 선덕여왕의 아버지인 진평왕의 경우는 제석천에 대한 관심이 매우 남달라 아예 궁 안에 제석천을

선덕여왕릉. 낭산 남쪽에 자리한다. ©Park Jongmoo

모신 내제석궁(內帝釋宮)을 창건했을 정도였다. 부처를 호위하는 제석천을 신라 왕실을 보호하는 제석천으로 재해석한 모습이랄까. 선덕여왕은 여기서 한 단계 더 나아가 경주에다 제석천이 있다는 수미산을 그대로 재현하고자 했으니, 이 과정에서 경주 낭산을 수미산으로 해석하였다.

이와 관련한 이야기가 마침 《삼국유사》에 전하고 있다. 선덕여왕이 도리천에 자신을 묻으라 하자 처음에는 신하들이 어디인지 몰라 도리천이 어디냐 물었는데, 다름 아닌 낭산 남쪽이라 하는 것이 아닌가. 이러한 이유로 선덕여왕릉은 낭산 남쪽에 자리

낭산 남쪽에 자리잡은 선덕여왕릉 아래에 사천왕사가 들어섬으로써 선덕여왕의 말대로 되었다. 카카오맵

잡는다. 이후 문무왕 시대 들어와 낭산 아래에 사천 왕사가 세워지자 사람들은 불경에 따르면 사천왕 위에 도리천이 있다더니, 정말로 선덕여왕 말대로 되었다며 놀라워했다고 전한다. 그렇게 사천왕사로 인해 경주에 수미산과 도리천이 완벽히 자리 잡으 면서 말 그대로 신라는 제석천과 사천왕이 보호하 는 불국토, 즉 부처의 나라가 된다.

한편 사천왕사지에는 그동안 유독 녹색 유약을 칠한 유물이 대거 출토되었는데, 일제강점기 시절 부터 현재까지 발견된 약 200여 점이 넘는 파편이 그것이다. 그렇게 모인 파편을 이어 붙여 복원하여 2018년 드디어 국립경주박물관에서 완전한 형태로

사천왕사지 서 목탑 기단부. 탑 기단부에 3종류의 신장상이 배치되었으며, 이렇게 탑 하나당 24점의 신장상이 배치되었다. ⓒPark Jongmoo

전시를 선보였다. 스마트폰에 저장된 사진이 바로 그때 모습이다. 그 누구든 처음 이 작품을 보면 강인하고 힘이 느껴지는 표현력에 깜짝 놀랄 듯. 지금 사진으로만 보아도 생동감이 참으로 엄청나다.

다만 흥미롭게도 이들은 사천왕이 아니라는 사실. 사천왕이면 4종류의 신이 묘사되어야 하건만 여러 파편 조각을 수습하여 맞춰본 결과 단지 3종류의 신만 표현됐기 때문. 또한 이러한 녹유신장상

3종류를 1세트로 하여 목탑 기단 한 면마다 2세트 총 6장의 녹유신장상을 장식하였다. 즉 탑 하나는 4면이므로 총 8세트 24장의 녹유신장상이 배치된 것이다. 게다가 사천왕사에는 목탑이 두 개 세워졌던 만큼 동·서 목탑 기단을 다 합치면, 한때 녹유신장상은 총 48점이 존재했다. 아참~ 여기서 신장상이란 신(神) + 장(將) + 상(像)의 결합으로 한마디로 정의하여 불법을 수호하는 신의 형상이라는 의미.

이렇듯 신장상이 탑 아래 대거 배치된 것은 세워진 목탑이 오랜 기간 유지되기를 바랐기 때문인데, 《불설관정경》이라는 또 다른 불경에 관련 내용이 잘 나와 있다.

부처님께서 동자에게 말씀하셨다.

"모든 현인과 성인의 탑에는 다 선신(善神)이 있다. 사천대왕과 용신팔부(龍神八部)가 밤낮으로 쉬지 않고 공경하고 사랑하여 항상 함께 탑을 수호하면서 훼손되지 않게 한다."

《불설관정경(佛說灌頂經)》 6권

사실 《불설관정경》은 근현대 들어와 세밀히 여러 경을 대조하며 조사한 결과 중국에서 5세기경 제작된 위경으로 추정하고 있다. 아무래도 당시 중국에서는 불교가 널리 유포되면서 이런 식으로 만들어진 불경도 많았던 모양. 그럼에도 불구하고 《불설관정경》은 중국뿐만 아니라 신라에서도 큰 인기를 누렸는데, 특히 신라에서는 6~7세기 시점 큰 유행을 하였다. 그런 만큼 《불설관정경》에 따라 탑의 훼손을 막고자 불법을 수호하는 여러 선신(善神)을 탑 기반부에 배치하기도 하였다. 즉 48점의 녹유신장상은 사천왕보다 위계가 떨어지는 불법을 수호하는 여러 신을 묘사한 것이라 하겠다. 사찰 이름이 사천왕사였던 만큼 사천왕은 기단 아래 부분이 아닌 사찰의 주인공으로 등장했을 테니까.

그런데 당나라 수군을 무너트린 명랑법사의 문두루비밀법 또한 《불설관정경》 내용을 바탕으로 한 의식이었다는 점을 주목하자. 이처럼 사천왕사는 《금광명경》뿐 아니라 《불설관정경》과도 깊은 연관이 있었으니, 관련 내용은 다음 챕터에서.

명랑법사와 불설관정경

    법사의 이름은 명랑(明朗)이고 자는 국육(國育)이며, 신라의 사간(沙干, 8등 관등) 재량의 아들이다. 어머니는 남간부인인데 법승랑이라고도 하며 소판(蘇判, 3등 관등) 무림의 딸 김씨이자 자장율사의 누이동생이다. 재량에게는 아들 셋이 있었는데, 맏아들은 국교대덕(國敎大德)이고 다음은 의안대덕(義安大德)이며 법사는 막내아들이다. 처음에 어머니가 꿈에 푸른색 구슬을 삼키고 임신을 하였다.

《삼국유사》 신주 명랑신인(明朗神印)

    문두루비밀법을 펼친 명랑법사의 가계를 가만 살펴보니 엄청난 불교 집안이었음을 알 수 있다. 자신과 두 형 모두 승려가 되었으며, 외삼촌은 자장율사였다. 참고로 자장율사는 아버지 무림이 김유신과 함께 화백회의에 참가할 정도의 유력 진골 출신으로, 승려가 된 후 더 깊은 공부를 위해 당나라로 유학을 떠났다. 아마 이때도 당성 근처의 항구에서 배를 타지 않았을까?

이후 자장율사는 유학을 마치고 돌아와 선덕여왕께 황룡사 9층 목탑을 건설하자는 선의를 하여 경주의 랜드마크인 9층 목탑이 세워지도록 하였다. 이외에도 통도사를 포함한 여러 사찰을 세운 데다 신라 승려관직 중 가장 높은 자리인 대국통(大國統)에 올라, 신라 불교교단의 규율을 정비하는 등 신라 불교계의 거인이었다. 마찬가지로 명랑법사의 형 의안대덕도 나당전쟁이 한창일 때 고위 승려직에 오른 인물이다. 이처럼 신라 불교계에 남다른 영향력을 지닌 가문 출신인 명랑법사 역시 3년 간 당나라 유학을 다녀왔으며 이 과정에서 《불설관정경(佛說灌頂經)》에 깊은 관심을 가지게 된다.

무엇보다 《불설관정경》에는 다음과 같은 흥미로운 내용이 있다.

부처님께서 천제석에게 말씀하셨다.

"장하구나, 장하구나. 자세히 듣고 자세히 받아들여라. 내가 너를 위하여 대선(大仙)의 법을 말하리라. 만일 이 부처의 4부(部)의 제자들 가운데 사악한 귀신에게 홀려 털이 곤두서도록 무서워하는 사람이 있다면, 먼저 나(부처)의 몸을 상상하고 나서, 다음에 다시 1250명의 제자를 생각하고, 다음에 다시 모든 보살승을 생각하라. 이 세 가지를 상상하여 생각하고 나서 또 다시 오방(五方)의 큰 신을 생각하라.

첫째는 단차아가(亶遮阿加)라 이름하는데, 그 몸이 장대하여 1장 2척이고 청색 옷을 입고 청색 기운을 토하며 동방에 있다. 둘째는 이름을 마가기두(摩訶祇斗)라 하며, 그 몸이 장대하여 1장 1척이고 적색 옷을 입고 적색 기운을 토하며 남방에 있다. 셋째는 이름을 이도녈라(移兜涅羅)라 하며, 그 몸이 장대하여 1장 2척이고 흰색 옷을 입고 백색 기운을 토하며 서방에 있다. 넷째는 이름을 마하가니(摩訶伽尼)라 하며, 그 몸이 장대하여 1장 2척이고 검정색 옷을 입고 검정색 기운을 토하며 북방에 있다. 다섯째는 이름을 오달라내(烏呾羅孎)라 하며, 그 몸이 장대하여 1장 2척이고 황색 옷을 입고 황색 기운을 토하면서 중앙에 있다.

이 오방의 신들은 각각 권속이 있어, 한 명의 신왕에 7만 귀신이 따라다닌다. 오방에 각기 7만 귀신이 있으므로 7만이 다섯이라 35만의 모든 귀신이 다 와서 병자를 좌우에서 부축하여 돕는다. 그리하여 위험한 재앙과 한도를 넘어선 모든 재난을 면하도록 해준다. 이러한 신왕들이 사람을 보호하여 모든 사악한 것들로 하여금 망령되게 행할 수 없게 한다.

이것이 오방신왕의 명자(名字)이다. 만일 후대의 말세에 4부(部)의 제자들이 위태로운 재앙을 당하는 날에는 위의 오방신왕의 명자와 그 권속들을 취하여 원목(貝木) 위에 베껴놓고 문두루법(文頭婁法)이라고 하라. 그 이치가 이와 같으니, 너는 널리 펴서 행하도록 하라."

천제석이 말씀드렸다.

"원목 문두루는 가로와 세로를 얼마쯤 되게 합니까?"

부처님께서 말씀하셨다.

"가로와 세로를 49분(分 = 0.3㎝이므로 49분은 14.7㎝)으로 하라."

천제석이 말씀드렸다.

"어떤 나무가 제일 좋습니까?"

부처님께서 말씀하셨다.

"금과 은이 가장 좋고, 다음이 전단목이나 온갖 잡향목이다. 그런 것들로 문두루의 형상을 만들라. 만일 질병이 위급하든지 무서운 삿된 귀신이 왕래하며 사람을 괴롭히고 해치면, 앞에서 말한 법대로 세 가지 상상을 생각하고, 오방(五方) 신의 모습과 색상들을 하나하나 분명히 마치 눈앞에서 대하는 것같이 하라."

《불설관정경(佛說灌頂經)》 7권

해당 이야기에 따르면 한도를 넘어선 재난과 위

험이 닥칠 때 오방신을 나무에 새겨 형상을 만들고 이들을 생각하면 그 위험을 다 피할 수 있다고 한다. 이를 문두루법이라 하는데, 명랑법사는 이 내용을 바탕으로 허수아비를 만들듯 신 형상에 풀을 가득 넣어 오방신상(五方神像)을 만든 후 승려 12명과 함께 문두루비밀법을 펼쳤던 것이다.

이때 오방신은 각각 동, 서, 남, 북 + 중앙을 의미하며 동 = 청색, 서 = 백색, 남 = 적색, 북 = 검은색, 중앙 = 노란색이라 한다. 이는 우리에게도 얼추 익숙한 도교의 음양오행설을 기반으로 한 세계관이라 하겠다. 이를 통해 불교가 중국에 유입된 후 도교와 적극 결합되면서 《불설관정경》이 등장했음을 알 수 있다. 한마디로 불교와 도교 세계관이 섞인 형태?

> 사천왕사(四天王寺)의 소조상이 들고 있는 활의 줄이 저절로 끊어지고, 벽화의 개가 소리를 냈는데 마치 짖는 것 같았다.
>
> 《삼국사기》 신라본기 경명왕 3년(919)

> 10월에는 사천왕사 오방신(五方神)의 활줄이 모두 끊어졌고, 벽화의 개가 뜰로 쫓아 나왔다가 다시 벽 속으로 들어갔다.
>
> 《삼국유사》 기이 경명왕

감은사지 동삼층석탑 금동사리기 바깥 함. 국립중앙박물관. 바깥 함 4면에 사천왕이 하나씩 배치되어 있다. ⓒPark Jongmoo

©Park Jongmoo

©Park Jongmoo

한편 명랑법사는 오방신상을 만들면서 이들을 사천왕 + 제석천으로도 해석했던 모양이다. 나름 제석천과 그가 거느린 사천왕이 오방신과 비슷한 개념이니 말이지. 그래서일까? 위 기록을 바탕으로 지금은 사라진 사천왕사의 중심건물인 금당 안에는 제석천과 사천왕이 커다란 조각으로 함께 있었던 것으로 추정하기도 한다. 대략 상상해보면 제석천이 중앙에 위치하고 그 주위로 사천왕이 배치된 모습. 일반적인 사찰에서는 거의 볼 수 없는 말 그대로 사천왕이 주인공인 공간이라 하겠다. 그렇다면 사천왕사 금당에 위치한 사천왕은 과연 어떤 모습이었을까?

682년 건립된 감은사지에는 두 개의 석탑이 세워졌으며 각 석탑 안에는 사리갖춤, 즉 사리기와 사리기를 넣은 금동함을 보관하였다. 이 중 동삼층석탑 사리갖춤의 경우 탑에서 꺼내 현재 국립중앙박물관이 소장 중인데, 금동함을 살펴보면 4면마다 각각 화려한 모습의 사천왕이 조각되어 있다. 살펴보면 당당하게 서 있는 장군의 모습이다. 당시만 하더라도 이렇듯 사천왕을 주로 서 있는 모습으로 표현했나보다. 이는 동시대 당나라, 일본도 마찬가지였다고 함.

무엇보다 감은사지는 사천왕사 건립 직후 만들

석굴암의 귀족적인 모습을 한 제석천 사천왕사에 배
치된 제석천은 석굴암과 달리 칼과 활로 무장한 모습
으로 추정된다. ⓒPark Jongmoo

어진 사찰이었던 만큼 감은사지와 사천왕사의 경우 사천왕 디자인 면에서 매우 유사하지 않았을까? 구체적으로 그려보면 감은사지 금동사리기 바깥 함에 등장한 사천왕이 더욱 커진 모습으로 금당 내부에 서 있다고 보면 좋을 듯하다. 눈을 감고 상상해보자. 우와! 갑옷을 입은 채 눈을 부라리고 무기를 들고 있는 사천왕의 분위기가 참으로 압도적이었겠네. 눈이 마주치면 오금이 저릴 듯.

안타깝게도 사천왕과 달리 제석천의 경우 6~7세기 작품이 한반도에 남아 있지 않아 구체적으로 상상하기 어렵다. 오죽하면 동시대 중국에서도 제석천을 그리거나 조각했다는 기록만 보일 뿐 현재까지 남아 있는 경우는 거의 없으니까. 다만 8세기 들어오면 비단과 천으로 된 유려한 옷을 입은 석굴암의 제석천이 등장하는데, 사천왕사에 배치된 조각의 경우 칼과 활로 무장한 형태로 추정되는 만큼 아무래도 석굴암의 귀족적인 모습을 보이는 제석천과는 다른 디자인이 아니었을까 싶다.

사천왕사의 위대한 시절의 모습까지 그려봐서 그런지 피곤이 쌓여 이제 슬슬 눈이 감기는구나. 이제 좀 자야겠다. 금정역까지 아직도 한참 남았으니, 자면서 휴식을 취해야겠다.

4. 대립과 분열을 종식시키고 화합을 이루기 위한 사상

신라와 고구려 동맹

오늘은 연천에 위치한 호로고루성을 향해 이동하고 있다. 온 김에 파주 칠중성까지 돌아볼 예정인데, 집이 있는 안양으로부터 먼 지역이라 이동시간이 꽤 걸린다. 평촌역에서 4호선을 타고 북쪽으로 쭉 올라가 창동역에서 1호선으로 환승하여 또다시 북쪽으로 쭉 올라가서 전곡역에서 내린 후, 이번에는 버스를 타고 서쪽으로 40분 정도 더 달려야 도착이다. 휴~ 단순히 말로만 설명해도 먼 거리가 절로 느껴진다. 이곳은 휴전선으로부터 불과 4~5㎞남짓 남쪽으로 임진강 바로 옆이다. 그렇다. 북한과 꽤 가까운 위치.

재미있는 부분은 현재 대한민국과 북한이 대립 중인 휴전선 주변이 6세기 중엽부터 고구려가 멸망한 668년까지 약 100여 년간 신라와 고구려가 대립하던 지역이기도 했다는 점. 다만 임진강 상류는 북한, 임진강 하류는 대한민국이 장악한 현재 모습과 달리 6~7세기만 하더라도 임진강 상류는 고구려, 임진강 하류는 신라와 고구려가 번갈아 장악하며 대립을 이어가고 있었다. 이 과정에서 오늘 가려는 호로고루성과 칠중성은 고구려가 장악할 때도, 신라가 장악할 때도 있었으니, 이렇듯 신라 입장에서 임진강 유역은 한때 최전방이었다.

현재 나는 창동역에서 1호선을 타고 올라가다 소요산역에서 내려서 연천으로 가는 또 다른 열차를 기다리는 중이다. 연천까지는 1시간에 겨우 한 대만이 운영중. 시간표를 보니 40분 정도 역 안에서 기다리다가 오후 1시 7분차를 타면 될 듯하다. 와~ 기다리는 시간이 길어도 너무 긴데…. 그럼 기다리는 동안 신라와 고구려 관계에 대한 이야기를 잠시 해볼까?

놀랍게도 신라는 한때 고구려와 동맹인 적이 있었다. 그러니까 고구려가 강대하던 5세기 시점 광개토대왕과 장수왕 시절 이야기. 당시 백제의 지원을 받는 가야와 대립하다 열세에 처한 신라는 고구려와 동맹을 맺어 새로운 기회를 잡고자 한다. 이를 위해 신라는 고구려에 사신뿐만 아니라 유력 왕족을 인질로 보냈으며, 더 나아가 나중에는 신라 왕이 직접 고구려로 가서 광개토대왕을 만날 정도로 열의를 다했다. 그래서일까? 드디어 신라의 병력 지원 요청을 받아들이면서 광개토대왕은 5만 대군을 남쪽으로 파견하게 된다. 외교를 통해 신라의 역사가 크게 바뀌는 순간.

여기까지 살펴보니 7세기 신라―당나라 외교와 유사한 점이 많이 보이네. 두 상황 모두 수년간의 끈질긴 외교를 통해 그 어렵다는 타국으로부터의 군사지원까지 성공시켰으니까. 마찬가지로 강대국으로 둘러싸인 대한민국이 만일 타국과 전쟁할 때 동맹이라 철석같이 믿은 미국으로부터 군사지원을 받지 못한다면 어찌될지 상상만 해도 깜깜해지는데. 그런 만큼 대한민국도 신라 못지않게 외교가 국가사활이 걸린 커다란 문제라 하겠다. 단순한 외교가 아닌 유사시 군사지원까지 이끌어내야 하는 외교라서 난이도부터 상당하니 말이지.

솔직히 2022년 발발한 우크라이나―러시아 전쟁을 보면 알 수 있듯 타국의 군사지원이란 결코 쉬운 일이 아니다. 유사한 예시로 만일 중국―대만 간 전쟁이 발발할 경우 대만이 대한민국 국군에게 자신들을 지원해달라 하면 우리 입장에서 쉽게 결정할 수 없는 것과 마찬가지. 이처럼 군사지원을 이끌어내는 외교력은 어느 시대, 어느 장소든 굉장히 어려운 일임을 알 수 있다.

어쨌든 이야기로 돌아와 고구려는 이번 군사작전이 마무리된 직후부터 신라를 사실상 자국의 보호국처럼 여기며 압박했는데, 이거 왠지 백제, 고구

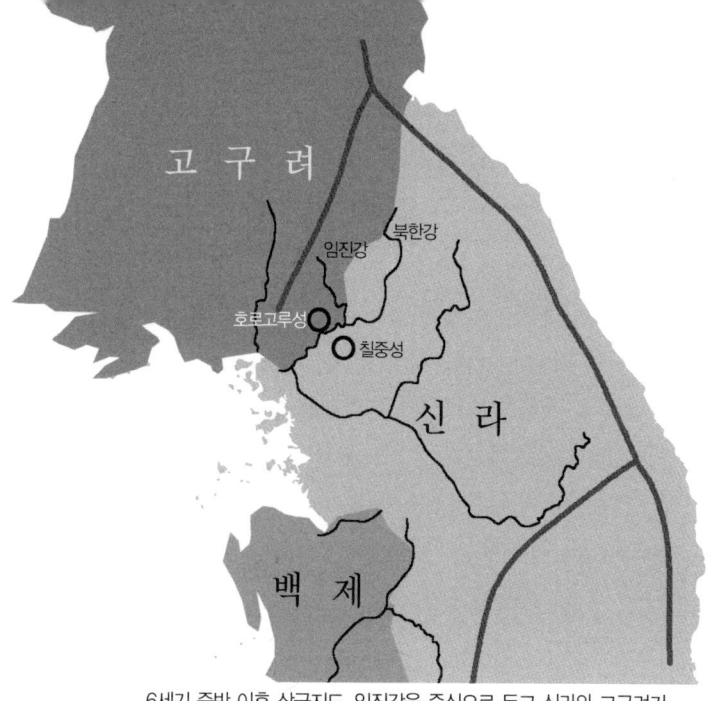

6세기 중반 이후 삼국지도. 임진강을 중심으로 두고 신라와 고구려가 대립하였다.

려를 멸망시킨 직후부터 당나라가 신라를 압박하는 모습과 무척 닮아 있다. 이에 신라는 체급을 충분히 키운 후 백제와 동맹을 맺고 고구려 견제에 나섰으며, 6세기 중엽에는 오히려 한강유역을 장악하면서 임진강을 기점으로 고구려와 대치할 정도로 성장하기에 이른다. 이 역시 7세기 나당전쟁에서 체급이 커진 신라가 당나라를 상대로 전쟁을 펼친 상황과 유사하다. 이처럼 당나라와 연합하기 전부터 신라는 자신보다 큰 나라와 연합하고 더 나아가 최종적으로 성공적으로 대치하는 역사까지 경험으로 축적하고 있었던 것이다.

여기까지 5세기 신라와 고구려 그리고 7세기 신라와 당나라 외교의 닮은 모습을 한 번 정리해보았다. 가만 보니, 신라는 자국의 이익과 필요에 따라 정말 변화무쌍한 외교정책을 펼쳤음을 알 수 있다. 이를 통해 외교에서 가장 중요한 부분은 누가 뭐래도 자국의 이익임을 다시 한 번 절실히 느낀다. 무엇보다 한 국가에만 목매는 외교는 결코 우리의 국익이 될 수 없다는 점을 신라를 통해 제대로 배운다.

아~ 더는 안 되겠다. 그냥 소요산 역에서 내려 택시를 타고 호로고루성으로 이동하자. 무려 40분이나 역에서 기다리자니 너무 지루하네. 스마트폰으로 찾아보니까 어차피 전곡역에서 택시를 타는 것과 비교하여 소요산에서 택시를 타는 비용과 시간 모두 비슷하게 나오는 듯하다. 지겨움을 못 이기고 전곡역에서 버스 타는 것은 과감히 포기~

원효와 해골 물

전방 군부대가 많은 지역이라 그런지 유독 여기 저기 군인들이 많이 보이는 소요산역. 이곳에서는 나름 익숙한 풍경이다. 나라를 지키기 위해 젊은 청춘의 시기를 군대에서 보내는 이들을 보며 마음속으로 파이팅을 외쳐준다. 뭐~ 나도 과거 20대 때 군복무를 했었지만 앞으로는 젊은 인구가 크게 줄어든다니, 병력들도 점차 로봇으로 대치되려나. 젊은 군인들을 보자 안타까움에 이런 저런 잡념이 드는구나. 개인적으로는 군 생활이 힘들면서도 재미있었던 기억이다. 부대 창설 이래 최초로 발칸포 사격 대회 우승도 했고 말이지. 내 인생 유일한 우승 경험. 당연히 상으로 꽤 긴 휴가를 받았었다. 하하.

역 밖으로 나오니 근처 소요산에 위치한 작은 사찰 자재암이 떠오른다. 이곳은 원효대사가 창건한 사찰로 알려졌으며, 주변에 원효가 수행했다는 원효폭포와 원효굴이 함께 있다. 무엇보다 공기가 맑고 산 계곡 분위기가 좋은 만큼 만일 이곳에 온다면 적극 추천하고 싶다. 물론 정말로 원효대사가 창건했는지는 알 수 없다. 전국에 원효가 창건했다는 사찰만 하더라도 무려 120곳이 넘으니까. 솔직히 아무리 대단한 인물이라도 인간에게 주어진 짧은 인생 동안 물리적으로 거의 불가능한 수치 아닌가.

내가 사는 안양에도 원효가 창건했다는 삼막사가 있는데, 자재암과 마찬가지로 사찰 내 원효가 수행을 했다는 원효굴이 존재한다. 이렇듯 원효의 전설을 담은 사찰이 유독 전국에 많이 있는 이유는 그를 추종하고 따르던 사람들이 동시대뿐만 아니라 후대에도 많았다는 의미가 아닐까? 아무래도 원효의 의지와 깨달음을 따르는 과정에서 원효 창건 일화를 지닌 사찰이 대거 등장한 것일 테니까.

역 앞에서 택시를 타고 호로고루성으로 이동한다. 약 30㎞를 가야 하니 거리가 좀 있는 편이라 당연히 시간도 많이 걸릴 예정. 그런 만큼 산과 들판으로 이어지는 바깥 풍경을 구경하면서 이번 기회에 원효 이야기를 마저 더 이어가보자.

원효의 속성은 설(薛)씨이다. 할아버지는 잉피공(仍皮公)이며 아버지는 담내 내말(乃末, 11관등)이다. 압량군 불지촌 북쪽의 밤골 사라수(裟羅樹) 아래에서 태어났다.

《삼국유사》 의해 원효불기

원효대사는 압량군, 현재의 경산시에서 태어났는데, 소위 6두품 출신으로 널리 알려져 있다. 특히 사라수 아래에서 태어났다는 이야기가 눈길을 끈다. 이때 사라수란 털옷을 펼쳐 걸어놓은 나무를 말한다. 밤나무 밑을 지나다 갑자기 산기가 느껴져 급한 대로 원효 아버지의 옷을 나무에 걸쳐둔 채 그 안에서 어머니가 아기를 낳았다고 전하니까. 왠지 모르게 마야부인이 해산을 위해 친정으로 가던 중 갑자기 산기를 느껴 장막을 친 후 나무 아래에서 석가모니를 낳았다는 이야기와 무척 닮아 있네. 아무래도 석가모니와 유사한 탄생 모습을 통해 그가 신라 불교사에 있어 얼마나 큰 위인인지 설명해주는 듯하다.

그는 출가 후 당시 이름난 승려들과 마찬가지로 당나라로 유학을 떠나고자 했다. 이에 의상과 함께 당나라로 가던 중 밤 사이 해골 물을 마시곤 "진리는 결코 밖에서 찾을 것이 아니라 자기 자신에게서 찾아야 한다."라는 깨달음을 터득한 채 유학을 포기했다고 한다. 한국인이면 누구나 다 알고 있는 그 유명한 해골 물 일화. 그러나 해당 일화는 변형된 이야기의 최종 본에 불과하다는 사실.

옛날 동쪽 나라에 원효법사와 의상대사가 있었

교토 고산사의 화엄종조사회전(華嚴宗祖師繪傳) 중 무덤 안에서 자는
원효와 의상. 무덤에서 원효는 귀신이 나오는 꿈을 꾼다.

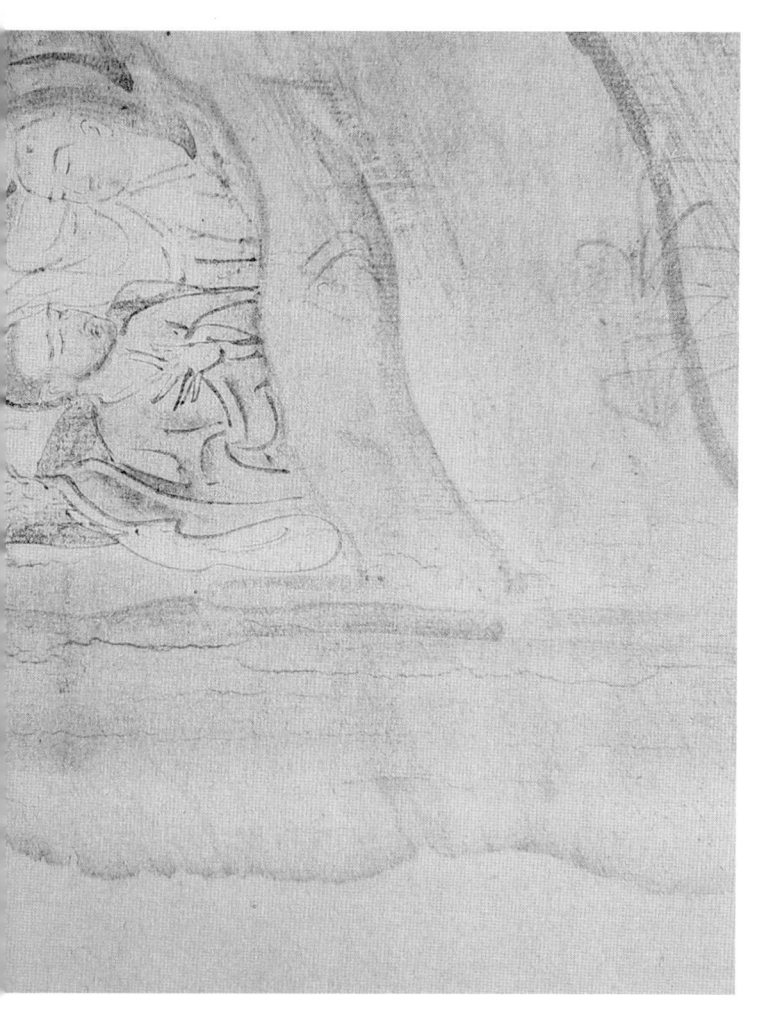

다. 두 사람은 스승을 찾아 함께 당나라에 왔다. 밤이 되었는데 묵을 곳이 없자 무덤 안에 머물렀다. 원효법사는 목이 말라 물을 마시고 싶어 하다가 마침 자리 곁에서 고인 물을 발견하고는 손으로 퍼서 마셨는데 매우 맛이 좋았다. 다음날이 되어서 보니 그것은 '죽은 시체의 즙(死屍之汁)'이었다. 곧 싫은 마음이 들어서 토하고는 크게 깨달아 말했다. "나는 삼계(三界)가 오직 심(心)이고 만법(萬法)이 오직 식(識)이라는 부처님 말씀을 들었다. 그러니 좋고 싫음이 나에게 있는 것이지 물에 있는 게 아닌 걸 알겠구나." 그리고는 고향으로 돌아와 지극한 가르침을 널리 폈다.

《종경록(宗鏡錄)》 10세기 중반

10세기 중국 책인 《종경록》에 따르면 원효는 신라 당성 근처가 아닌 당나라에서 해골 물과 유사한 경험을 한 것으로 나와 있다. 무엇보다 해골물이 아닌 죽은 시체의 즙을 마셨다는 부분에 주목하자. 흥미롭게도 원효가 무덤에서 무언가를 마셨다는 일화가 최초로 실려 있는 자료가 《종경록》인데, 처음에는 해골물이 아닌 시체의 즙이라 표현된 것이다.

마찬가지로 10세기 중국 책인 《송고승전(宋高僧傳)》에서도 유사한 일화가 전해지는데, 여기선 시체의 즙이나 해골 물 같은 표현은 일체 등장하지 않는다. 대신 동굴에 묵은 원효가 다음 날 깨니 동굴이 아닌 무덤임을 알게 되었고, 하루 더 자게 되면서 귀신 꿈을 꾸게 되자 "마음이 생기면 일체의 현상이 나타나고, 마음이 고요하면 동굴과 무덤은 다르지 않네."라는 깨달음의 시를 읊었다고 한다.

그러더니 12세기 중국 책인 《임간록(林間錄)》에서 비로소 원효가 해골 물을 마시고 "마음이 생기니 갖가지 법이 생기고, 마음이 사라지니 해골 물과 맑은 물이 둘이 아니구나."라는 깨달음의 시를 읊었다는 내용이 등장하였다. 이렇듯 원효의 깨달음에 대한 여러 버전이 존재했음을 알 수 있으나, 이러한 버전들마저 실제로 존재한 사건인지 솔직히 100% 확신할 수 없는 상황이라 하겠다.

그래서일까? 13세기에 집필한 일연의 《삼국유사》에서는 일반적인 인식과 달리 원효의 해골 물 일화 또는 그와 유사한 사건이 전혀 기록되어 있지 않다. 《삼국유사》를 집필하며 여러 중국 서적마저 참고했음에도 빠진 것으로 미루어 볼 때 아무래도 일연은 원효의 해당 일화를 실제 사건으로 보지 않았거나 또는 그리 중요한 일화가 아니라 여긴 듯.

썩은 뼈를 달고 시원한 물로 여기며, 모든 법이

마음에서 생겨남을 깨달았도다.

해남 대둔사 사적비명(海南 大芚寺 事蹟碑銘) 1744년

그러나 조선시대 들어오면서 원효의 해골 물 이야기는 점차 실제 역사이자 일화처럼 인식되었으니, 예를 들어 조선후기 문신인 채팽윤이 쓴 대둔사 사적비명에 관련 이야기가 잘 남아 있다. 이를 통해 채팽윤이 유학자임에도 해당 일화를 알고 있을 정도로 대중적으로 꽤나 유명세가 있었음을 알 수 있다. 이처럼 유명해진 이유는 의외로 간단하다. 해골 물 일화를 담은 《임간록》이라는 책을 세조 시절 왕실이 주도하는 간경도감에서 간행한 후 여러 사찰에서 간경도감의 《임간록》을 판본으로 하여 꾸준히 책을 찍어 유포했기 때문이다. 당연히 많이 읽힌 만큼 유명해질 수밖에. 지금도 베스트셀러가 된 책의 문장과 글이 대중에게도 유명한 것과 마찬가지다.

이후에 원효는 여러 곳으로 다니며 공부를 하다가 사십이 넘어 의상이란 사람과 함께 도(道)를 배우려고 당나라로 들어가다가 요동(遼東) 벌판에서 "해골에 고인 물"을 먹고 이 세상에 위대한 진리를 깨달았습니다.

〈동아일보〉 기사 1938년

원효는 일찍이 의상과 함께 당나라에 가려다가, 중로에서 밤에 모르고 달게 마신 물이 무덤 가운데 해골 속에 고인 물이었음을 알고, 세상의 모든 차별이 필경은 둘이 아니고 하나라는 걸 깨달아,《십문화쟁론》을 쓰니, 이것이 그의《대승기신론소》와 함께 불교의 교리에 새로운 진보를 가져오게 한 것이다.

중학교 국어교과서 1949년

그러더니 세월이 흐르고 흐른 근현대에 들어와 원효가 요동에서 해골 물을 마셨다, 또는 당나라로 가던 길에서 해골 물을 마셨다는 내용이 신문기사 또는 교과서에 등장하기에 이른다. 이를 통해 1930~1940년대 들어와 기사나 교과서에 등장할 정도로 원효의 해골 물 이야기가 더욱 널리 퍼졌음을 알 수 있는데, 이는 한국 불교계가 1930년 전후로 조선이 그동안 중국과 서양의 문화를 무비판적으로 따라온 것을 비판하면서 우리의 독자적인 문화체계를 세우기 위해 원효를 크게 부각시킨 일과 연결된다.

사실 원효대사가 널리 알려진 가장 큰 이유는 그가 남긴 불교 이론서가 워낙 유명세를 얻어 신라뿐만 아니라 중국, 일본에까지 큰 영향을 미쳤기 때문이다. 이중《대승기신론소(大乘起信論疏)》가 대표작으로, 이는 인도의 대승불교 경전인《대승기신론》에 원효가 직접 해석과 주를 붙인, 그 내용이 워낙 훌륭하여 중국, 일본에서도 원효의 가르침이 크게 유행하였다. 이후 이 책은 중앙아시아로도 건너갔으니, 실크로드의 중심지인 중국 돈황에서 발견된 고문서 중에서도 원효의《대승기신론소》가 발견되었을 정도.

이외에도 원효대사는《판비량론》,《십문화쟁론》,《금강삼매경론》,《대혜도경종요》,《법화경종요》등 무려 200여 권이 넘는 많은 책을 남겼으며, 각각 책에 담긴 그의 놀라운 견해는 당시 동아시아 불교사상계에서 큰 주목을 받았다. 한반도 출신 승려 중이 정도로 불교 문화권에 세계적인 영향을 남긴 인물은 지금까지 거의 없지 않을까? 한마디로 국내용이 아닌 세계사적 인물이었던 것. 신라뿐 아니라 동시대 동아시아 전반에 불교 사상가로 이름을 떨친 인물이었음을 알 수 있다.

그런 만큼 근현대 들어와 식민지라는 암울한 경험을 겪은 대중들도 원효 같은 인물이야말로 독자적인 우리 문화를 대표하기에 충분하다고 여기게되었으며, 그 결과 원효의 해골 물 이야기는 더욱더 유명세를 얻게 된다. 요즘은 아예 당성 근처에서해골 물을 마셨다는 더욱 구체적인 이야기와 더불어 화성 백곡리 고분군이 바로 그 장소라는 주장마저 나오는 중이니까.

한편으로는 원효대사가 다름 아닌 나당전쟁 시기, 즉 7세기에 활동한 인물인 만큼, 당시 신라가 종교, 철학 등에 있어서도 대단한 성취를 이루었음을 의미한다. 그렇구나. 결국 당나라를 상대로 승리한 역사는 단순히 무력과 전략만으로 이루어진 것이 아니었다. 이를 뒷받침할 만한 뛰어난 문화 및 이에 대한 자부심이 있었기에 중국과 대결하여 승리할 수 있다는 자신감을 가질 수 있었던 것이지. 요즘 대한민국 국민들이 세계적으로 큰 유행을 얻고 있는 우리나라의 문화에 남다른 자부심을 가지는 것과 유사하다고나 할까.

원효의 저서《판비량론》

택시가 달리는 길이 참으로 아름답다. 높은 건물이 거의 없는 들판과 산, 시골길을 이동하면서 오랜만에 편안함을 느낀다. 그동안 스마트폰, TV, 도심의 화려한 빛 등 인공 빛에 익숙했던 눈이 자연 빛을 만나자 피로도가 크게 떨어지는 듯. 가만 보니 이번 여행은 얼마 전 덕적도가 그랬듯 왠지 모르게 자연을 즐기며 이동하는 일이 많은 것 같다.

한참 밖을 구경하다보니 하던 이야기를 마저 끝내야겠다는 생각이 번쩍 드는군. 그래, 원효 이야기를 하고 있었지. 그럼 원효가 선보인 책 중《판비량론》에 대해 잠시 이야기해야겠다.

證成道理甚難思(증성도리심난사)
증성(證成)의 도리에 대해 생각하는 일은 지극히 어렵지만
自非笑却微易解(자비소각미이해)
내 웃어 버리지 않고 자세하고 쉽게 풀어
今依聖典舉一隅(금의성전거일우)

이제 성스러운 불전에 의지해 그 일부를 제시하니

願通佛道流三世(원통불도류삼세)

불도가 소통되어 언제나 계속되기를 바라옵니다.

《판비량론》1권, 석원효 지음.

함형 2년(671) 신미년 7월 16일. 행명사에 머물면서 붓을 잡아 거칠게 끝내다.

원효의 《판비량론(判比量論)》 회향게(廻向偈)

《판비량론》은 55살의 원효대사가 행명사(行名寺)라는 사찰에서 쓴 책으로 공교롭게도 나당전쟁이 한창일 때인 671년에 완성되었다. 다만 근대 시점까지만 하더라도 이 책은 신라 경덕왕 때 승려 대현(大賢)과 일본 승려들의 저서 속 단편적으로 인용된 문장을 통해 그 성격만 대략 짐작되고 있었을 뿐 본문이 전해지고 있지 않아 그 내용은 미지의 영역에 가까웠다고 한다.

그러던 중 1967년 일본의 불교학자인 간다(神田喜一郎)가 뜻밖에도 도쿄 헌책방에서 원효의 《판비량론》을 확인하였고, 후키하라(富貴原章信)의 설명을 덧붙여 출판함으로써 세상에 널리 알려지게 된다. 현재 일본 교토의 오오타니대학, 미쓰이기념관, 고토미술관, 도쿄 국립박물관, 도쿄 긴자의 고미술상 등이 각기 나누어 소장 중이며 《판비량론》은 원

래 25장으로 되어 있었으나, 남아 있는 것은 후반부
의 약 19장 가량이라 한다. 특히 이 책은 8세기에 신
라인이 필사하여 일본으로 건너간 것으로 쇼무천황
의 부인인 고묘황후(光明皇后, 701~760)의 도장이
찍혀 있어 한때 일본 왕실이 소장했던 물건이었음
을 알 수 있다.

　　방언(方言, 신라어)으로 9경을 풀이하여 후학들
　을 가르쳤다.

《삼국사기》 열전 설총

　특히 일본에서 발견된 《판비량론》에서는 신라
각필, 즉 옛사람들이 경전 등을 읽을 때 뜻이나 독
송을 위해 표기한 읽기 부호가 발견되어 큰 주목을
받았다. 과거에는 한자 옆에 발음기호인 '각필'을
붙이곤 했는데, 이는 한자가 우리말이 아닌 만큼 각
구절마다 조사와 어미로 신라 발음기호를 넣어 신
라 사람들이 읽고 이해하기 쉽도록 한 것이다. 예를
들어 한글로 표현하면 "~은, ~을, ~하고, ~하시니"
등이 그것으로 《판비량론》에는 ㄱ, ㅣ, 㠯, 白 등의
각필 표기가 발견되었다. 이와 관련한 내용이 《삼
국사기》 설총 열전에도 나오니, 방언으로 풀이했다
는 부분이 바로 그것이다.

이렇게 발견된 내용을 바탕으로 동국대 김성철 교수가 2003년《원효의 논리사상과 판비량론》이라는 책을 출판했는데, 원효의 사상을 번역하고 논리적으로 설명해 큰 찬사를 받았다. 다만 나는 구입하여 도전의식을 갖고 여러 번 반복하여 읽다가 결국 완벽한 이해는 포기하고 말았다. 그 내용이 너무나 심오하고 어려워서 말이지. 덕분에 종교철학과 논리학이 참으로 어려운 세계라는 점을 새삼 다시 한 번 느끼게 되었다. 고수 중 고수들의 세계라 할까? 사정이 이러한 만큼 전개 흐름만 대략 정리하고자 한다.

6세기 인도의 새로운 불교 논리학을 체계화한 진나(陳那)의 사상을 소위 인명학(因明學)이라고 부른다. 그런 만큼 진나는 사상가이자 논리학자로서 엄청난 명성을 지녔으며, 이에 격을 높여 아예 진나보살이라 부르기도 한다. 이를 당나라의 현장법사가 인도로 유학을 가서 직접 배운 후 중국으로 돌아와 관련 책을 한문으로 번역하면서 진나의 인명학이 동아시아에 널리 알려졌다. 그렇다. 원효의《판비량론》도 진나의 인명학을 기반으로 한 책이다.

언급된 현장법사는 그동안 중국에 번역되어 있던 불경의 한계점을 인식하고 직접 산스크리트어 원전을 연구하고자 627년 당나라를 떠나 인도로 간 인물이다. 험하고 힘든 여정 끝에 인도에 도착한 그는 오랜 공부를 마친 후 인도에서 불상과 수많은 불경을 가지고 645년 중국으로 돌아왔다. 이후 당나라 황제의 지원으로 19년간 자신이 가지고 온 불경을 제자들과 함께 한문으로 번역하였는데, 그 양이 무려 1335권에 이르렀다고 한다. 덕분에 동아시아의 불교는 한 단계 더 발전할 수 있는 계기가 마련되었으며, 현장은 역사에 길이 남을 위대한 인물이자 큰 스승으로 대접받았다.

당시 현장법사의 인도까지의 이동과 귀국과정은 그가 집필한 《대당서역기(大唐西域記)》에 잘 남겨져 있으며, 시일이 지나 그의 여행기에 살을 붙여 그 유명한 《서유기》라는 소설이 등장하였다. 다름 아닌 삼장법사가 현장법사를 모델로 한 인물이니까. 마찬가지로 손오공, 저팔계, 사오정의 활약 역시 현장법사가 인도로 이동 중 여러 위험을 극복하던 모습을 소설의 극적인 모습으로 묘사한 것이라 하겠다. 실제로도 당시 여행은 지금과 비교하면 목숨을 걸 만큼 고난의 연속이었다고 함.

인도 유학시절 현장법사는 나란다 사원에서 공부했었다. 이곳은 요즘 식으로 말하면 대학과 유사한 교육시설이다. 현장법사가 이곳에 도착했던 631년만 하더라도 승도가 수천인 데다, 외국에서 온 승려도 수백에 이를 정도였으며, 여기서 유학한다고 말하면 어디서든 정중한 예우를 받았다고 한다. 게 다가 소장한 책만 900만 권에 다다라 논리학, 의학, 공학 등 다양한 학문이 연구되는 등 지금으로 치면 마치 싱가포르국립대 같은 느낌이랄까? 당대 최고 의 교육기관이었던 것. 뭐~ 특별히 싱가포르국립대 를 언급한 이유는 듣기로 이곳이 아시아 1등 대학 이라 하여 이해를 위해 참조해보았다.

이곳에서 진나(陳那)의 사상, 즉 인명학을 배운 현장법사는 이를 기반으로 자신만의 논증식을 새롭 게 고안해냈는데, 그 논리가 교묘하여 아무도 감히 이를 비판하지 못했다고 한다. 오죽하면 인도 왕이 개최한 무차대회에서 18일 동안 인도의 날고 기는 수많은 논사들이 현장법사 논리의 약점을 찾고자 부단히 노력했음에도 실패했을 정도. 덕분에 현장 의 명성은 인도에서도 대단히 유명해졌으니 인도 왕이 아쉬움에 중국으로의 귀국을 적극 만류했다고 한다. 왠지 모르게 석학을 자국으로 유치하려는 모 습처럼 느껴지는걸. 그럼에도 불구하고 중국으로 돌아갈 결심이 확고하자, 인도 왕은 무거운 경전을 옮길 코끼리와 여행에 필요한 돈을 적극 제공하며 귀국을 지원했다고 한다.

여기까지 살펴보았듯 현장법사는 동시대 당나라

를 대표하는 승려이자 인도, 중국에서 모두 명성을 얻었으며 동아시아 불교역사에 한 획을 그은 거인이라 하겠다. 그런데 그가 만든 논증식을 인도, 중국도 아닌 신라의 한 승려가 논리적으로 깨버린 사건이 벌어졌다. 바로 원효가 그 주인공으로 그가 집필한 《판비량론》은 현장법사 논리의 약점을 찾아내어 이를 논증하는 책이니, 지금 기준으로 보면 논문의 일종이라 이해하면 좋을 듯. 참고로 제목 《판비량론(判比量論)》에서 "판(判) = 비판하다, 판단하다, 비량(比量) = 현장법사가 만든 논증식의 명칭, 론(論) = 논하다"라고 풀면 된다. 즉 현장법사의 논증식을 비판하는 논문.

이후 원효의 논문은 당나라로 전해졌는데, 12세기 일본의 장준이 지은 《인명대소초(因明大疏抄)》에 따르면 당나라 학자들이 현장의 논증을 깨버린 원효의 논문을 본 후 감탄하여 동쪽을 향해 세 번 절을 했으며, 그를 인도의 진나보살에 비견했다고 한다. 마찬가지로 13세기 일본의 순고가 지은 《기신론본소총집기(起信論本疏總集記)》에서는 당나라를 방문한 인도의 진나 문도들이 원효의 글을 접하곤 도리어 인도로 원효의 글을 가지고 돌아갔다고 한다. 인도, 중국의 석학들마저 원효를 인정한 셈.

덕분에 《삼국유사》에서는 분황사에 주로 머물던

원효를 아예 "분황사의 진나"라 묘사하고 있으며, 중국, 인도에서도 그를 "진나의 환생"으로 여겼다. 지금 기준으로 보면 대한민국의 한 대학에서 유학 경험도 없는 이가 세계적인 석학이 된 것과 비견된다고나 할까? 흥미로운 부분은 현장법사가 당나라 태종, 고종의 대우를 받은 인물이라면, 원효는 태종무열왕과 문무왕 시대 인물이라는 점이다. 즉 동시대 사람이었다. 뿐만 아니라 당나라가 자랑하던 현장법사의 논리를 신라의 원효대사가 깨버린 것 또한 나당전쟁에서 작은 나라였던 신라가 승리한 역사와 오버랩 되는구나. 참으로 호쾌한 장면이자 가슴이 웅장해지는 기분마저 든다.

원효의 《십문화쟁론》과 화쟁사상

석가여래가 세상에 계실 때는 원만한 소리에 의
지하였으나, 중생들이 (마멸) 비처럼 흩뿌리고 쓸데
없는 공론이 구름처럼 흩어졌다. 어떤 사람은 내가
옳고 다른 사람이 그르다 하였으며, 어떤 사람은 내
가 그렇고 다른 사람이 그렇지 않다 하여, 말이 한도
끝도 없게 되었다. (중략) 비유하자면 청색과 쪽풀
은 본체가 같고 얼음과 물은 근원이 같은데, 거울이
수많은 형상을 받아들이자 물이 천 갈래로 갈라지
는 것과 같다. 대사가 융통하여 서술하고는 그 이름
을 《십문화쟁론(十門和諍論)》이라 하였다. 무리들
이 칭찬하지 않는 사람이 없어, 모두 이르기를, "좋
다"라고 하였다.

고선사 서당화상비(誓幢和上碑)

다음으로 설명할 내용은 원효대사의 《십문화쟁
론(十門和諍論)》이다. 석가모니 열반 후 오랜 시간
이 흐르면서 불교는 여러 교단으로 나뉘었는데, 원
효가 활동할 시점에는 신라와 당나라 모두 여러 교

고선사 서당화상비. 일제강점기 시절 사진으로 비석 하단부는 국립중앙박물관이 소장하고 있고, 1968년 발견된 비석 상단부는 동국대박물관이 소장하고 있다. 국립중앙박물관.

단이 서로 자신들의 주장과 논리가 옳다며 다투는 일이 매우 잦았다. 이에 원효는 대립과 분열을 종식시키고 화합을 이루기 위한 논리를 집대성하였으니, 이를 《십문화쟁론》이라 한다.

무엇보다 고선사 서당화상비에 따르면 당시 신라 사람들은 《십문화쟁론》을 원효의 업적 중 가장 대표작으로 여긴 듯하다. 해당 비석의 9, 10, 11, 12, 13행에 그의 저술에 대한 내용이 기록되어 있는데, 이 중 9, 10, 11, 12행이 《십문화쟁론》에 대한 언급이다. 간단히 말해 6행 중 5행이 《십문화쟁론》인 것. 이를 통해 그가 평생 200여 권의 책을 썼음에도 《십문화쟁론》을 그 어떤 저술보다 우위에 두었음을 알 수 있다.

참고로 경주에 위치한 고선사는 한때 원효가 머문 사찰로 알 수 없는 시점부터 폐사된 채 이어지다 지금은 댐 건설로 완전히 수몰되고 말았다. 하지만 이곳은 서당화상비가 출토된 장소로서 서당 = 원효의 아명이니, 원효대사의 비석이라는 의미. 아무래도 비석을 이곳에 세울 만큼 원효와 고선사가 남다른 인연이 있었나보다.

서당화상비를 세운 이는 설중업으로 다름 아닌 원효대사의 손자다. 혜공왕 15년(779) 일본에 사신으로 파견된 설중업은 일본 측 인사 중 왕족출신이자 문인학자였던 오오미 미후네(淡海三船)에게 높은 환대를 받은 적이 있었다. 오오미 미후네가 설중업에게 손수 시를 지어줄 정도였는데, 이는 그가 원효의 글을 읽고 크게 존경하던 중 원효의 손자가 신라에서 사신으로 오자 무척 기뻐했기 때문이다. 이후 800년쯤 원효를 추모하는 비석이 세워지면서 관련 일화도 비석의 20행에 등장하고 있다.

이처럼 원효대사의 대표작으로 인식되었음에도 오랜 세월이 지나며 《십문화쟁론》은 해인사에서 간

푸른색 염료를 쪽풀에서 얻었기에 청출어람(靑出於藍)이라는 사자성어가 나오기도 했다.

행한 경판에 일부만 남아 전해졌을 뿐이었다. 그러나 이를 뼈대로 하여 학자들이 원효의 다른 저술에서 관련 내용을 발췌, 정리하는 노력 끝에 십문을 복원할 수 있었다. 전체적인 내용을 대략 설명하자면 원효가 불교의 여러 이론과 주제를 10문(門)으로 분류, 정리한 후 이를 화쟁한 것이라 하겠다.

그렇다면 화쟁(和諍)이란 무슨 뜻일까? 다름 아닌 화쟁은 서로 모순, 대립하는 견해들을 화합하여 회통(會通), 즉 조화롭게 하는 것을 의미한다. 서당화상비에 언급되었듯 "청색과 쪽풀은 본체가 같고 얼음과 물은 근원이 같은데, 거울이 수많은 형상을 받아들이자 천 개로 갈라진 듯 보일 뿐이다."라는 표현처럼 각 종파 의견은 각각의 거울에 비친 모습에 불과하며 사실상 부처의 가르침으로서 본질은 같다는 것이다. 이렇듯 사람들이 특정 사안을 논할 때 본질을 보지 않고 본질을 바탕으로 발생하는 여러 모습에 빠진 채 서로의 주장을 내세우며 반목하지만 따지고 보면 결국 하나라는 것을 깨달아야 한다는 메시지가 담겨 있다.

무엇보다 해당 이론은 삼국통일, 나당전쟁 등을 거치며 다양한 종족이 신라에 포섭되던 당시 분위기와도 맞아떨어졌다. 원효의 화쟁사상처럼 고구려, 백제, 더 나아가 중국에서 들어온 다양한 종파마저 신라 불교라는 하나의 그릇에 담길 수 있다면 이와 마찬가지로 서로 다른 국가였던 고구려, 백제 유민들도 신라인이라는 하나의 정체성을 가질 수 있을 테니까. 그렇게 신라인들은 삼한이 하나라는 삼한일통의 사상적 토대로서 화쟁사상에 주목했던 것이다.

조서를 내리길
"원효와 의상은 동방의 성인으로 비석과 시호(謐號)가 없어 그 덕이 드러나지 않았다. 내가 이것을 깊이 슬퍼하여 원효는 대성화쟁국사(大聖和諍國師)로, 의상은 대성원교국사(大聖圓敎國師)로 추증하니 즉시 그들이 살던 곳에 비를 세우고 덕을 기록하여 무궁하게 전하도록 하라."

라고 하였다.

《고려사》 숙종 6년(1101) 8월

세월이 흘러 고려시대가 되자 원효대사는 대성
화쟁국사라는 시호를 받았는데, 이 또한 그를 대표
하는 화쟁사상을 바탕으로 부여된 명칭이라 하겠
다. 이를 통해 고려시대에도 여전히 화쟁을 그를 대
표하는 사상으로 주목했음을 알 수 있다. 해당 비석
은 원효가 주로 머물며 활동하던 경주 분황사에 위
치하고 있었으나, 안타깝게도 현재 사라진 채 받침
돌만 쓸쓸이 남아 있다. 가만 생각해보니 현재 대한
민국도 여러 주장의 대립과 분열이 갈수록 심화되
는 위기가 닥친 만큼 이럴수록 원효의 화쟁사상이
다시금 부각되어야 할 시점이 아닐까?

그런데 원효대사는 거대한 사상설계를 넘어 대
중포교에도 적극적으로 나섰다.

민중 속으로 들어간 원효대사

삼국시대만 하더라도 불교는 사실상 왕실 종교였다. 고구려, 백제, 신라 모두 국왕과 왕실이 주도적으로 불교를 도입한 후 점차 귀족들이 받아들이는 흐름으로 이어졌으니까. 이 과정에서 왕족 입장에서는 불교를 창시한 석가모니가 일국의 태자, 즉 왕족 출신이라는 점이 묘한 동질성으로 다가온 듯하다. 오죽하면 신라에서는 골품제 중 제일 높은 신분인 성골을 석가모니 일족의 재림이라 여겼을 정도. 이후 성골이 끊기고 진골이 왕이 된 후에도 왕즉불(王卽佛) 사상. 즉 왕 = 부처라는 개념은 비록 정치적인 역할이 축소되었을 뿐 통일신라 내내 계속 이어졌다.

그런 만큼 당시 이름난 승려들의 신분을 살펴보면 하나같이 무척 높았는데, 앞서 이야기한 명랑법사, 자장율사의 경우 진골 출신이었고, 당나라 유학을 함께 나섰다가 중간에 돌아선 원효와 달리 마저 유학을 떠난 의상대사 역시 진골 출신이었다. 이외에도 신라 왕실의 후손이었던 원측의 경우 당나라에서 현장법사의 제자가 되어 불경번역 및 사상가로 활동했으며 나중에 측천무후의 남다른 존경을 받은 것으로 유명하다. 마찬가지로 당나라에서 지장보살의 화신이라 평가받은 교각스님 역시 진골 신분으로 당나라 유학을 떠난 인물이었다. 이렇듯 이 시절 승려는 높은 신분뿐만 아니라 한자해석, 문장집필, 불경이해, 논리학 등을 갖춘 최고 수준의 지식인이라 보면 좋을 듯. 심지어 상대방 군주를 만나는 중요한 외교활동에서도 승려가 종종 활약했을 정도였다.

말하는 것이 사납고 함부로 하였으며 행적을 나타냄이 어그러지고 거칠었으니, 거사들과 함께 주막이나 기생집에 드나들었다. 지공법사(중국 양나라 고승)처럼 칼을 매단 쇠 지팡이를 가지고 있으면서, 소(疏)를 지어 화엄경을 강론하기도 하고 거문고를 어루만지며 사당에서 즐기기도 하였으며, 여염집에 기숙하기도 하고, 산이나 강가에서 좌선(坐禪)을 하였으니, 마음 내키는 대로 하여 도무지 정해진 법식이 없었다.

《송고승전》 원효전(元曉傳)

원효가 계율을 어기고 설총을 낳은 이후로는 속

인의 옷으로 바꾸어 입고 스스로 소성거사(小姓居士)라고 하였다. 우연히 광대들이 놀리는 큰 박을 얻었는데 그 모양이 괴이하였다. 그 모양대로 도구를 만들어 화엄경의 "일체에 걸림이 없는 사람은 한 길로 생사를 벗어난다(一切無㝵人, 一道出生死)"고 한 구절을 가져다 이것에 '무애(無㝵)'라고 이름을 붙이고 노래를 지어 세상에 퍼뜨렸다. 일찍이 이것을 가지고 수많은 촌락에서 노래하고 춤추며 교화하니 가난하고 무지몽매한 무리들까지도 모두 부처의 호를 알게 되었고, 모두 나무(南舞)를 염하게 되었다.

《삼국유사》 의해 원효불기(元曉不覊)

이렇게 왕실과 왕족 중심으로 불교가 퍼져나갔으나 엄숙하고 어려운 분위기로 인해 여전히 백성들과는 상당한 거리감이 있었다. 반면 원효대사는 모든 중생들에게 불성(佛性)이 있음을 강조하며, 누구든 깨달음의 기회를 접할 수 있도록 노력하였다. 이를 위해 근엄한 사찰 밖으로 나와 기꺼이 신분 고하를 막론하고 수많은 사람들은 만났으며, 불경을 간단히 축약한 노래 및 춤으로 교화에 나섰다. 그 결과 많은 이들이 나무아미타불을 염하게 되었다고 한다. 한마디로 어려운 논리에 대한 이해가 없더라도 나무아미타불만으로 충분히 성불이 가능하다는 의미로 요즘 기준으로 본다면 쉬운 불교, 함께 즐기는 불교를 선보인 것이다.

문제는 당시 관점으로 볼 때 승려는 상당히 높은 신분 출신에다 지식인이었던 만큼 이러한 원효의 행동이 매우 이질적으로 다가왔다는 점이다. 따라서 후대 기록에는 그가 승려 신분을 버린 채 민중들과 함께하는 기인처럼 묘사된 것이 아닐까? 당연히 신라 불교 교단 내부에서는 원효의 대중포교를 미덥지 않게 보는 이들도 무척 많을 수밖에.

당시에 국왕이 백고좌인왕경대회(百高座仁王經大會)를 마련하고서 덕망이 높은 승려를 두루 구하였다. 나라에서 명망으로써 그를 천거하였으나, 여러 고덕들이 그 사람됨을 미워하여 왕에게 참소하여 들여보내지 않게 하였다. (중략)

원효가 이 경전을 받은 것은 그의 고향인 상주에 있을 때였다. 원효가 사신에게 말하기를, "이 경은 본각(本覺)과 시각(始覺)의 두 가지 깨달음을 종지로 삼고 있습니다. 나를 위하여 소가 끄는 수레를 준비하여 책상을 두 뿔 사이에 두고 붓과 벼루를 놓아 주십시오."라고 하고, 시종 소가 끄는 수레에서 주석을 지어 다섯 권을 만들었다.

왕이 요청하여 날을 정하여 황룡사에서 설법하

기로 하였는데, 당시 경박한 종도(宗徒, 승려 또는 신도)가 새로 지은 주석을 훔쳐갔다. 이 사실을 왕에게 아뢰어 사흘을 연기하여 다시 써서 세 권을 만들었으니, 이것을 약소(略疏)라고 한다. 왕과 신하, 승려와 속인에 이르기까지 법당을 구름처럼 에워싸자, 원효가 이에 설법함에 위의가 있었으며, 얽힌 것을 풀어줌에 법칙으로 삼을 만하였으니, 칭찬하고 감탄하여 그 소리가 허공에 치솟았다.

원효가 소리 높여 말하기를, "예전에 백 개의 서까래를 고를 때에는 비록 그 모임에 참석하지 못했으나, 오늘 아침 한 개의 들보를 놓는 곳에서는 나만이 할 수 있구나."라고 하였다. 당시 모든 유명한 고덕들이 얼굴을 숙여 부끄러워하고 진심으로 참회하였다.

《송고승전》 원효전(元曉傳)

여러 승려들로부터 견제를 받은 내용은 《송고승전(宋高僧傳)》에 잘 나와 있다. 참고로 《송고승전》이란 송나라 시대 승려인 찬녕이 당나라 개국부터 980년까지 존재했던 여러 고승의 일화 및 전기를 기록한 책이다. 해당 책에는 원효를 포함하여 의상, 원측, 순경, 진표, 무상, 지장, 무루, 원표 등의 신라 승려가 등장하고 있으며, 중국에서도 널리 알려진 이들의 명성만큼 당시 신라 불교의 위상을 잘 보여준다.

어쨌든 관련 내용을 살펴보면 모 경전의 해석을 할 수 있는 인물로 원효가 천거받았으나 승려와 종파를 이끄는 여러 고덕(高德, 고위 승려)들이 왕과의 만남을 적극적으로 막았다. 그동안의 원효 행동에 대해 승려의 권위를 떨어뜨렸다고 여기며 탐탁해하지 않았던 모양. 그럼에도 불구하고 원효는 해당 경전을 받아 주석, 즉 해설집 다섯 권을 만들어 강연을 위해 황룡사로 이동했으나, 그를 싫어하는 불교 세력에 의해 주석을 도둑맞는 일이 벌어졌다. 그러자 원효는 단 며칠 사이에 주석을 다시 정리한 후 강연을 하였으니, 그 어려운 경전의 내용을 완벽하게 풀어 해석하는 것이 아닌가?

모두들 감탄하자 원효는 "백 개의 서까래를 고를 때에는 그 모임에 참석하지 못했으나, 오늘 한 개의 들보를 놓는 곳에서는 나만이 할 수 있구나."라고 이야기했다고 한다. 그만큼 누구도 손 대기 어려운 경전을 해석해냈다는 의미. 이로써 그가 남다른 실력을 갖춘 채 민중교화까지 나선 인물임을 알 수 있다.

한편 이번 일화에 등장한 경전은 《금강삼매경(金剛三昧經)》으로 여기다 원효의 주석, 즉 해설집이 더해진 것을 《금강삼매경론》이라 부른다. 흥미

교토 고산사의 화엄종조사회전(華嚴宗祖師繪傳) 중 원효가 금강삼매
경을 강론하는 모습. 강연을 들은 이들이 원효의 설명에 감탄하며 합
장하고 있다.

로운 점은 근현대 연구에 의하면 《금강삼매경》 또한 위경이라고 함. 즉 경주 사천왕사 건립에 큰 영향을 미친 《불설관정경》과 마찬가지로 중국에서 만들어진 경이라는 의미다.

그렇다면 보통 진경과 위경은 어떻게 구분하는 것일까? 학술적으로는 인도의 산스크리트어로 된 책을 한문으로 번역한 경우를 진경으로 보는 반면, 중국에서 자체적으로 만든 경을 위경으로 보고 있다. 즉 산스크리트어 원본이 있느냐 없느냐가 중요한 기준. 물론 이는 근현대 연구에 따른 구분법이고 과거에는 국가 주도로 집대성한 대장경에 편입한 경전을 진경으로, 편입되지 못한 경은 위경으로 보았다. 이에 따르면 《금강삼매경》과 《불설관정경》은 대장경에 포함된 만큼 오히려 과거 기준에 따르면 위경이 아닌 진경이라 볼 수 있겠다.

이렇듯 중국 내에서 불경이 자체적으로 만들어진 이유는 불교가 중국으로 전래된 후 시간이 꽤 흐르면서 점차 중국식으로 불교를 해석하는 분위기가 생겨났기 때문이다. 대표적으로 선사상을 기반으로 성립된 선불교가 그것이다. 선불교는 5세기 들어와 불교의 전통적인 명상수행법과 중국의 도교사상이 결합되며 등장하였는데, 이러한 초기 선불교의 내용이 마침 《금강삼매경》에 보이고 있어 근현대 들어와 학계의 주목을 받았다. 그뿐 아니라 해당 경전에는 중국 남북조시대부터 7세기경 당나라에서 유행하던 여러 불교 사상도 대거 포함되어 있었기에 7세기에 등장한 경전임을 알 수 있다.

문제는 선불교처럼 새롭게 등장한 사상부터 기존의 여러 불교사상까지 적극 포함된 경전인 만큼 이를 통괄하여 해석하기가 무척 어려웠다는 점이다. 이를 원효가 《금강삼매경론》으로 풀어 해석함으로써 선불교와 같은 선진적인 새로운 사상으로 인해 당나라에서는 한때 이단으로 몰려 거의 유통되지 못하던 《금강삼매경》이 오히려 신라를 중심으로 중국까지 널리 알려지는 계기가 마련되었다.

여기까지 살펴보았듯 원효대사는 당대 최고 수준의 불교 이론가이자 학자 겸 사상가였으며 불교를 단순히 왕과 귀족을 넘어 일반 대중들도 쉽게 접할 수 있도록 노력한 인물이었다. 이러한 그의 노력은 삼국전쟁과 나당전쟁으로 인한 백성들의 상처와 고통을 보듬는 효과를 가져왔기에 지금까지도 많은 사람들이 그의 업적을 기억하게 된다. 결국 학자 및 사상가로서 역사에 큰 이름을 남기려면 남다른 독보적인 업적과 함께 이를 많은 사람과 적극적으로 공유하는 자세가 필요한 듯하다. 마치 원효대사처럼.

5. 연천 호로고루 성

호로고루 성 도착

드디어 도착하여 택시에서 내렸다. 주차장 바로 위로 광개토대왕릉비가 당당하게 서 있구나. 당연히 진품은 아니고 북한에서 제작하여 2002년에 남북사회문화협력사업의 일환으로 보내준 모형이다. 진짜 광개토대왕릉비는 북한도 아닌 압록강 북쪽에 위치한 중국 집안시(集安市)에 있다. 학창시절 고구려 수도라고 배운 국내성이 바로 이곳이다. 어쨌든 그렇게 받은 모형을 2015년 들어와 고구려 유적이 있는 연천군에 세움으로써 고구려의 기상을 다시금 되새기고 남과 북의 통일과 화합을 기원했다고 한다.

이처럼 이곳 호로고루 성은 다름 아닌 고구려가 만든 성이라는 사실. 명칭의 경우 임진강 옛 이름인 호로하(瓠瀘河)에다 성곽의 일종인 보루로서 특히 오래된(古) 보루(堡壘)라 하여 호로고루(瓠瀘古壘)라 부른 것이다. 기록으로 등장하기로는 조선 현종 시절인 1656년에 편찬된 《동국여지지》에 "호로고루는 부의 동쪽 32리 호로탄 위에 있고 석벽으로 인하여 견고하다. 삼국시대에 지어졌다."라는 내용이

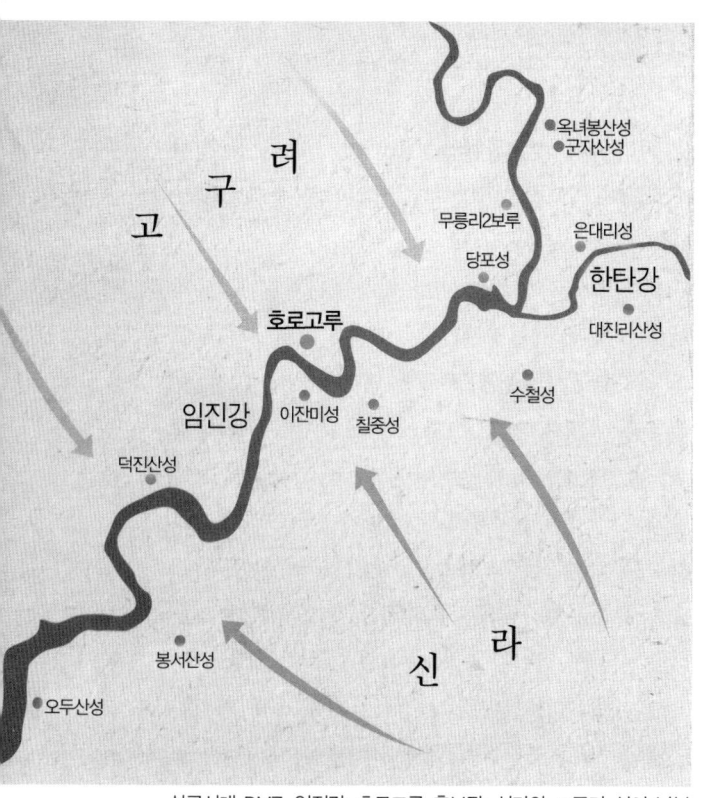

고　구　려

옥녀봉산성
군자산성

무릉리2보루

당포성
은대리성

한탄강

호로고루

대진리산성

임진강
이잔미성
칠중성

수철성

덕진산성

봉서산성

신　라

오두산성

삼국시대 DMZ, 임진강. 호로고루 홍보관. 신라와 고구려 성이 남북으로 대치중이다.

대표적이라 하겠다.

　광개토대왕릉비 모형 옆으로는 2016년 준공한 호로고루 홍보관이 있다. 건물 안으로 들어서자, 이곳에서 출토된 고구려 유물 일부와 함께 성에 대한 상세한 설명이 보인다. 예전에 왔을 때는 코로나가 한창이라 홍보관 문을 닫아놓았기에 창 밖에서 안을 바라보며 아쉬워했었는데, 오늘 제대로 구경하게 되었다. 그렇게 설명 패널을 읽다가 흥미로운 부분을 발견하였다.

아까 소요산역에서 신라 입장에서 임진강 유역이 최전방이라 설명했었으나, 이곳 패널에서는 임진강이 삼국시대 DMZ라고 설명하고 있네. 오호라. 무릎을 '탁' 칠 정도로 훌륭한 표현이라 생각되었다. 왜 나는 아까 이 단어가 떠오르지 않았을까? 아무래도 공군에서 복무해서 그럴 수도. 그뿐 아니라 지도를 통해 임진강 북쪽으로는 고구려 성이, 임진강 남쪽으로는 신라 성이 배치된 상황을 자세히 보여주어 당시 임진강을 사이에 둔 대치가 더욱 완벽하게 이해된다. 지도를 보면 호로고루 성과 대치하던 신라 성은 임진강 남쪽에 위치한 이잔미성과 칠중성이었구나. 이 중 오늘 여행에서는 칠중성만 가보는 걸로. 안타깝게도 이잔미성은 미군 군사훈련 장소로 운영하고 있기에 민간인 출입이 엄격히 통제되고 있다.

다음으로 호로고루 성이 지닌 위치적 중요도 역시 지도를 통해 상세히 설명해주고 있다. 임진강은 하류로 가면 갈수록 수심이 깊어지기에 현대식 교량과 도로가 발전하지 않은 시대에는 개성에서 연천을 거쳐 서울로 이동했다고 한다. 그런 만큼 삼국

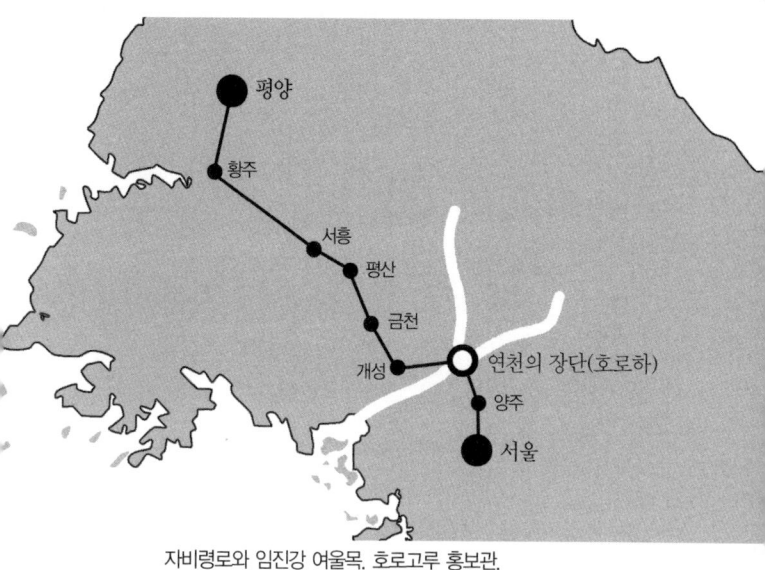

평양

황주

서흥

평산

금천

개성

연천의 장단(호로하)

양주

서울

자비령로와 임진강 여울목. 호로고루 홍보관.

시대에는 연천이 고구려와 신라의 국경이자 길목으로 적극 활용되었던 것을 알 수 있다.

특히 대규모 병력이 이동하는 경우 연천군 남쪽으로 흐르는 임진강의 여울목을 통해 강을 건넜는데, 이는 하천 퇴적작용으로 수심이 낮은 지역이라 장마철이나 비가 유독 많이 온 시기를 제외하면 배를 이용하지 않고도 걷거나 말을 탄 채 이동이 가능했기 때문이다. 참고로 여울목은 강의 얕은 부분을 의미하며 비단 임진강뿐 아니라 전국의 강마다 여울목이 여럿 존재한다. 과거에는 이러한 여울목 근처에 보통 나루가 발달해서 나룻배로 하천을 건너곤했다. 지금은 강철과 시멘트 등 첨단공법으로 만든

임진강 여울목. 하천 여기저기에 퇴적토가 쌓여 있다. ©Hwang yoon

다리로 인해 사라진 문화. 20세기 들어와 인류의 토목기술이 이렇게까지 발전할 줄 그 누가 알았을까?

그런데 호로고루 성이 위치한 장소가 바로 임진강 여울목에 해당하니, 그것도 서해의 임진강 하류부터 시작하여 동쪽으로 임진강 상류까지 강줄기를 따라 쭉 이동하다보면 가장 처음 만나는 여울목이 바로 이곳이다. 호로고루 성에서 조금만 더 강을 따라 서쪽으로 이동하는 순간 수심이 깊어져서 배를 타고 이동해야 하니까. 한마디로 개성에서 서울로 이동할 때 다리가 없던 시절에는 보도로 최단거리 이동이 가능한 장소였던 것. 덕분에 고구려가 백제 또는 신라를 공격할 때뿐 아니라 6.25전쟁 발발 시 북한군의 주력 전차부대도 개성을 지나 이 주변 임진강 여울목을 건너 남침했다고 전한다.

고랑포구 역사공원 내 전시 중인 호로고루 성 모형. 강가 높은 절벽 위에다 성을 만들어 여울목을 감시하도록 하였다. 왼쪽 강가에 보이는 퇴적토가 다름 아닌 강가를 걸어서 지나갈 수 있는 길이다.
ⒸHwang yoon

　　이처럼 전략적으로 중요한 장소인 만큼 북한은 6.25 때 호로고루 정상에다 포대를 설치했으며, 마찬가지로 대한민국이 수복한 후에는 국군이 성 주위로 참호를 파기도 했다. 만일 북한과 또다시 전쟁이 벌어진다면 임진강 여울목과 호로고루 성은 전략적으로 중요한 장소로서 다시금 부각되겠지. 물론 다시는 그런 일이 벌어지지 않기를 바랄 뿐.

　　아~ 맞다. 호로고루 성에서 서쪽으로 1㎞ 정도 가면 고랑포구를 만날 수 있는데, 마침 그곳에는 연천군이 운영하는 박물관이 있다. 이곳은 1930년대만 하더라도 수심으로 인해 임진강에서 교역배가 이동할 수 있는 마지막 포구였다고 한다. 덕분에 고랑포구는 개성과 서울을 잇는 교통의 요지로 일제 강점기 시절 5대 백화점 중 하나로 꼽힌 화신백화점의 분점이 있었을 정도로 꽤나 번성한 장소였다.

(위) 조선시대 고랑포구 나룻배 재현 장면. 그만큼 물자 이동의 중심지였다. (가운데) 근대시절 고랑포구 화신백화점 분점 재현. 백화점이 생길 정도로 변화했던 장소. (아래) 근대시절 고랑포구 상점 재현. 지금과 달리 한때 엄청나게 번화한 동네였음을 알 수 있다. ⓒHwang yoon

그러나 지금은 남북분단으로 완전히 쇠락하여 고랑포구 역사공원이라는 박물관을 통해 전성기의 모습을 얼추 이해할 수 있는 상황이다.

혹시 삼국시대부터 임진강의 물류교류 중심지로 사용된 나루터의 위상이 어느 정도였는지 확인하고 싶으신 분은 고랑포구 역사공원을 방문해보자. 아마 재현된 근대시절 모습에 깜짝 놀랄 듯. 박물관 내에는 조선시대 선박뿐만 아니라 근대시절 상점, 우체국, 화신백화점 등을 재현해놓았으며 호로고루성에 대한 설명도 있다. 내 기억에 코로나 때에도 이곳은 운영 중이었다. 다만 오늘은 칠중성을 가봐야 해서 방문 안 할 예정.

호로고루 성곽

호로고루 홍보관을 나와 성으로 이동~ 조금만 걸어가면 금방 도착한다. 밖으로 나오니 은근 많은 사람들이 이곳을 방문하고 있구나. 성 아래, 위로 사진 찍고 풍경을 감상하는 사람이 꽤 보인다. 배우 장나라가 등장하는 드라마가 이곳을 배경으로 촬영한 뒤 더욱 많은 사람이 온다고 한다. 마찬가지로 요즘은 책도 방송인이 SNS에 소개하면 베스트셀러가 되곤 한다더라. 유적지든 책이든 이처럼 누군가의 선택으로 유명해지길 기다리고 있나보다. 내 책은 언제쯤 그런 기회가 올까? 하하.

엉뚱한 소리는 멈추고 성으로 이동하면서 이곳의 지형적인 특징을 하나 더 설명해야겠다. 호로고루 성은 삼각형 형태로 툭 튀어나온 강가 인근 현무암 천연절벽 위에 세워졌다. 공중사진으로 주변 모습을 보면 누가보아도 전략적으로 중요한 장소임이 단번에 드러난다. 마침 근처에 안내도가 있으니 이를 통해 공중사진을 확인해보자.

특히 주요 방어선인 강가 쪽은 절벽이 사실상 성

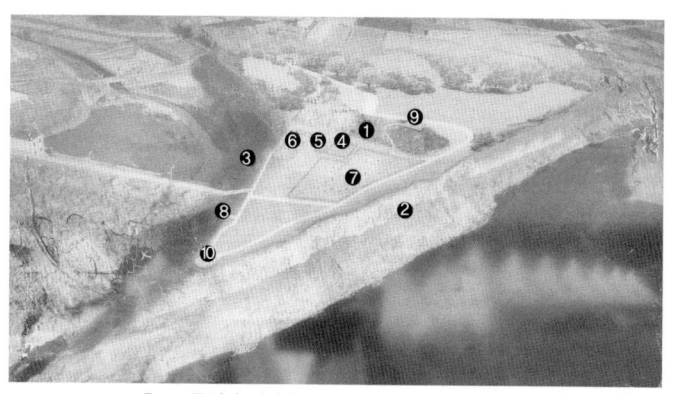

호로고루성곽 안내판. 1. 동벽, 2. 남벽, 3. 북벽, 4. 석축집수시설, 5. 우물지, 6. 고구려시대 건물지, 7. 고려시대 건물지, 8. 북문지, 9. 동벽 전망대, 10. 호로하 전망대.

벽 역할을 하고 있기에 현재의 지표면까지 내부를 평탄하게 만든 후 그 위에다 성 내부가 보이지 않도록 목책을 세운 것으로 추정하고 있다. 반면 평지로 쭉 연결되던 동쪽에는 약 10m 높이의 높다란 성을 세웠다. 눈앞에 보이는 성곽(9)이 바로 동쪽 성벽이다. 이처럼 최소한의 축조로 최대 효과가 나오는 훌륭한 지형임을 알 수 있다.

드디어 동쪽 벽 도착. 동쪽 벽의 경우 6.25 때 북한군이 포대를 설치하며 크게 훼손된 데다, 전쟁 후에는 마을 주민이 중장비로 성벽을 무너뜨리면서 그동안 안쪽에 숨어 있던 고구려 성벽까지 드러났다고 한다. 이후 발굴 조사를 하면서 흥미롭게도 고구려가 쌓은 성 바깥으로 신라가 성을 쌓았음이 발견되었다. 바깥쪽의 하얀 돌이 신라, 안쪽의 검은 돌이 고구려라고 함. 즉 고구려 성을 신라가 점령한

바깥쪽의 하얀 돌로 쌓은 성은 신라가 세운 것이고 안쪽의 검은 돌로 쌓은 성은 고구려가 세웠다. ⓒHwang yoon

후 보수하면서 신라 성벽으로 덧붙였던 것이다. 요즘 식으로 말하면 소위 리모델링이라 볼 수 있다.

그렇다면 언제부터 이곳을 신라가 사용했는지 궁금해지네. 이에 대해 학계에서는 나당전쟁 전후로 이곳을 점령한 것으로 보고 있다. 이는 곧 이 주변이 나당전쟁 때도 역시나 중요한 전장이었음을 의미한다. 그럼 지금부터는 성 위에서 임진강 주변을 바라보며 고구려 멸망과 나당전쟁까지 살펴보는 시간을 가져보기로 하자.

임진강을 건너는 신라군

용삭(龍朔) 원년(661) 당 고종이 인문을 불러 말했다.

"짐이 이미 백제를 멸하여 너희 나라의 근심을 제거하였는데, 이제 고구려가 지리의 험함을 믿고 악한 짓을 하여 큰 나라를 섬기는 예를 어기고 이웃 나라와 사이좋게 지내는 의리를 저버리고 있다. 짐은 병사를 보내어 치려고 하니, 너도 돌아가 너희 국왕에게 고하여 군대를 출동시켜 우리와 함께 망해가는 오랑캐를 섬멸케 하라."

인문은 즉시 귀국하여 황제의 명령을 전달하였다.

《삼국사기》 열전 김인문

백제를 멸망시킨 후 당나라는 661년이 되자 김인문을 신라로 보내 고구려 공격에 문무왕이 함께 나서기를 요구했다. 이때 당나라에서는 소정방을 평양도행군대총관으로 삼아 대군을 배에 싣고 서해를 건너 평양성을 공략하도록 하였는데, 이는 얼마 전

백제를 공략할 때와 마찬가지로 수도를 바로 점령하려는 작전이었다. 백제 때 꽤 성공적이라 여겼는지 두 번 연속 유사한 작전을 펼친 것. 그러나 660년 백제 공략 때와 다른 부분이 있다면, 이번에는 신라가 병력지원을 지체하고 있었다는 점이다.

한편 661년 6월 태종무열왕이 죽자 새로운 신라왕으로 즉위한 문무왕은 선왕의 상중이라 병력지원이 어렵다는 핑계를 대며 김유신과 함께 백제 잔존세력을 토벌하는 일에 집중하고 있었다. 당시 백제지역은 나당연합군에게 갑작스럽게 수도가 점령당한 뒤부터 백제부흥운동이 크게 벌어지고 있었기에 신라 입장에서는 고구려 원정보다 이를 제압하는 일이 당장 더 중요했다. 그러나 평양에 진입한 소정방이 막상 고구려의 반격에 큰 피해를 입고 식량보급 문제까지 생기는 등 큰 위기에 봉착하면서 일이 매우 심각해졌다.

문무왕 2년(662) 정월 23일에 칠중하(七重河, 임진강)에 이르자 사람들이 모두 두려워하여 감히 먼저 배에 오르려 하지 않았다. 유신이 말하길, "여러분들이 만약 죽기를 두려워한다면 어찌 같이 여기에 왔는가?" 라고 하였다. 마침내 먼저 스스로 배에 올라 건너자, 여러 장수와 병졸들이 서로 쫓아서 강

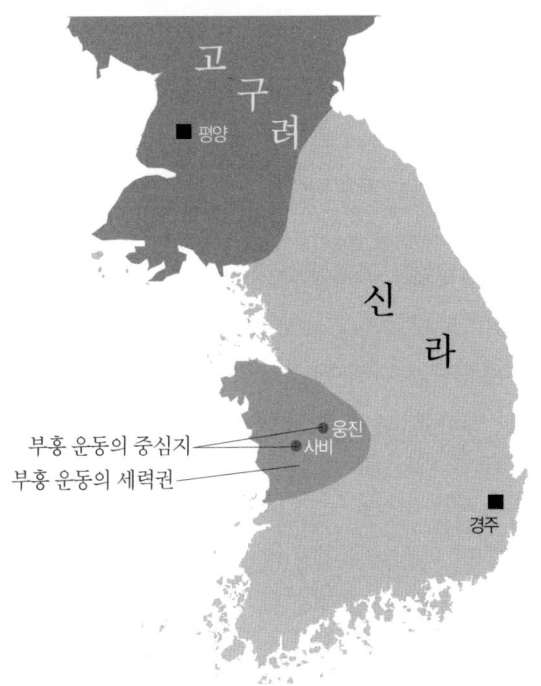

660~663년까지 이어진 백제부흥운동. 한때 백제 지역에 주둔한 나당연합군을 크게 위협할 정도였다.

을 건너 고구려의 영역으로 들어갔다.

《삼국사기》 열전 김유신

상황이 이처럼 악화되자 당 황제뿐만 아니라 소정방까지 문무왕에게 편지를 보내 식량지원을 적극 요청하기에 이른다. 고구려 공략에 적극적으로 병력을 보내는 것은 그렇다 치더라도 식량지원까지 하지 않는다면 당나라와 동맹이 파탄날 수 있는 상황. 혹시나 신라의 소극적 행동에 당나라가 책임을 물을 가능성도 충분했다.

그런 만큼 문무왕은 662년 1월이 되자 김유신, 김인문 등에게 평양으로 가서 당나라군에게 식량을 지원하도록 명했다. 이때 김유신이 이끈 부대는 평양에 가고자 칠중하, 즉 임진강을 배로 건넌 후 험한 산을 넘어 빠른 속도로 북쪽으로 이동하였다. 그렇게 쌀 4000섬과 조 2만 2000여 섬을 가지고 평양에 도착한 신라군은 소정방에게 식량을 건네주었으나 이미 상황은 악화될 대로 악화되었기에 당나라군은 얼마 뒤 퇴각하였고, 이에 따라 신라군도 퇴각을 시작한다. 그러자 고구려 병력이 퇴각하는 신라군을 섬멸하고자 추격해오는 것이 아닌가?

평양의 황제군은 돌아가기를 원했습니다. 신라 병사도 양식이 떨어져 역시 회군하였는데, 군사들은 굶주리고 추위에 떨었으며 손발에 동상이 걸려 도중에 죽은 자가 이루 헤아릴 수 없을 정도였습니다. 행렬이 호로하(瓠瀘河, 임진강)에 이르렀을 무렵 고구려 병사가 뒤를 따라와 언덕에 나란히 진을 쳤습니다. 신라 병사들은 피로하고 굶은 지 오래였으나, 적이 따라올까 걱정이 되어 적이 강을 건너기 전에 먼저 강을 건너가서 교전했는데, 선봉이 잠시 교전하는 사이에 적의 무리가 와해되고 말았으므로 마침내 병사를 거두어 돌아올 수 있었습니다.

《삼국사기》 신라본기 문무왕 11년(671) 문무왕이 설인귀에게 보낸 답서

드디어 임진강에서 꼬리를 잡혀 신라와 고구려 병력 간 전투가 벌어졌다. 그러자 임진강을 먼저 건 넌 신라가 반격하여 승리를 거두면서 안전하게 복 귀할 수 있었다. 이렇듯 당시 김유신이 이끈 신라군 은 평양으로 이동 및 퇴각하면서 임진강을 총 두 번 건넜는데, 이때 건너간 장소는 지금 방문한 호로고 루 성 주변이 아닌 좀 더 임진강 상류 쪽으로 추정 된다. 왜냐하면 호로고루 성과 임진강을 두고 마주 하고 있는 칠중성을 660년 들어와 고구려가 함락했 기 때문. 이에 신라군 입장에서는 조금 더 지형이 험하더라도 임진강 상류로 이동하는 것을 선택했 다. 고구려가 장악한 칠중성과 호로고루 성 주변의 임진강을 건넌다면 위험부담이 무척 클 수밖에 없 었을 테니까.

남생은 달아나 국내성(國內城)을 차지하고 그 무 리를 이끌고 거란 · 말갈 군사와 함께 당에 투항하 였다.

《삼국사기》 열전 연개소문

시간이 흘러 667년이 되자 백제부흥운동을 완전히 정리한 신라군이 또다시 임진강을 건너게 된다. 이 당시 고구려는 당나라와 대결정책을 펼치던 연개소문이 죽자 그의 세 아들이 아버지가 남긴 권력을 두고 다투더니, 패배한 첫째 아들 연남생이 666년 자신을 따르는 병력과 함께 당나라로 투항한 상황이었다. 더 나아가 연남생은 단순한 항복을 넘어 당나라의 고구려 원정군을 고구려로 인도하는 등 고국 멸망을 적극적으로 이끄는 참으로 무서운 배신을 하였다. 고구려 지도층이 완전히 분열된 상황이었던 것이다.

지도층이 분열된 좋은 기회였던 만큼 당나라의 고구려 공격이 다시금 시작되었고, 이번 작전의 남다른 중요도로 인해 문무왕이 직접 김유신 등과 함께 임진강 근처까지 와서 병력을 통솔하였다. 이때 당나라는 667년 소정방이 죽었기에 대신 영국공(英國公) 이적이 고구려 공격을 총괄하고 있었다. 이적 역시 당나라를 대표하는 명장 중 한 명으로, 당시 나이가 무려 74세의 고령이었다. 참고로 김유신보다 1살 위.

소정방과 마찬가지로 이번 기회에 간략히 소개를 하자면 이적은 본래 이름이 서세적(徐世勣)으로 당나라 건국에 큰 공을 세워 당 황실과 동일한 이씨 성을 받아 이세적이 되었다. 그러나 2대 황제 당 태종의 이름이 이세민인지라 피휘 제도에 따라 황제 이름과 동일한 한자인 세를 빼고 이적으로 개명하게 된다. 이와 유사하게 관세음보살의 세도 이세민 이름과 동일하다 하여 당나라 시절 관음보살이라 줄여 부르기도 했었다. 마찬가지로 문무왕도 고려시대 들어와 문호왕(文虎王)이라 부르기도 했는데, 이는 고려 2대 왕인 혜종의 이름이 왕무(王武)였기에 피휘하여 무를 빼고 호를 붙인 것이다.

어쨌든 이씨 성을 받을 만큼 엄청난 공적을 세운 그는 이후에도 동돌궐, 설연타 등을 격파하여 작위가 영국공(英國公)에 이르렀지만, 그런 그도 당 태종과 함께한 고구려와의 전쟁에서는 번번이 승리하지 못하였다. 그러다 최종적으로 노년의 나이에 나당연합군 총사령관이 되어 당나라의 오랜 염원인 고구려를 멸망시켰으며 바로 그 다음해에 사망하였다.

영공(英公) 이적이 평양성 북쪽 200리 거리에 도착하였다. 영공이 편지를 전하여 출병할 시기를 독촉하므로 대왕이 이를 따랐다.

《삼국사기》 신라본기 문무왕 7년(667) 10월 2일

건봉(乾封) 2년(667)에 이르러서는 대총관 영국
공(英國公) 이적이 요동을 정벌한다는 말을 듣고서
나는 한성주(漢城州)에 가서 군사를 보내 국경 가까
이에 모이게 하였습니다. 신라 병마가 홀로 쳐들어
가서는 안 되었으므로 먼저 첩자를 세 번이나 보내
고 배를 계속해서 띄워 대군의 동정을 살펴보게 하
였습니다. 첩자가 돌아와서 모두 '대군이 아직 평양
에 도착하지 않았다.'고 하였으므로, 우선 고구려의
칠중성(七重城)을 쳐서 길을 뚫고 대군이 이르기를
기다리고자 하였습니다.

《삼국사기》 신라본기 문무왕 11년(671) 문무왕이 설인귀에게 보낸 답서

다시 이야기로 돌아와 667년 들어와 문무왕은 평
양의 상황을 수시로 확인하면서 662년과 달리 안전
한 길을 확보하고자 우선 칠중성을 함락하였는데,
이 과정에서 이곳 호로고루 성도 점령한 것으로 보
인다. 다만 당나라군을 이끌고 평양성 가까이 진출
하던 이적이 겨울이 되어 퇴각하자 신라군도 11월
11일 퇴각하였기에 평양성 공격은 자연스럽게 다음
해로 밀렸다.

그렇게 평양으로 진격하는 안전한 길목을 확보
한 신라군은 다음해인 668년 드디어 당나라군과 함
께 평양으로 진격하였으니, 같은 해 9월 21일 드디

호로고루 성에서 보이는 임진강 여울목. 저 길을 통해 668년 신라군은 평양으로 진격하였다. ©Hwang yoon

어 고구려의 수도인 평양성이 함락되었다. 이는 고구려가 멸망한 순간이자 나당연합군의 마지막 승리이기도 하다. 왜 마지막이냐 하면 이 뒤로는 신라와 당나라가 극한의 대립을 보이더니, 결국 나당전쟁의 서막이 열렸으니까.

호로고루 성 전망대에 올라 저 가까이 위치한 여울목을 바라본다. 강가에 퇴적토가 충분히 쌓여 걸어서도 지나갈 수 있는 길이 바로 저곳이구나. 668년 신라군도 저곳을 통해 평양으로 진격했을 테지. 여울목을 바라보자 임진강 유역에서 호로고루 성이 얼마나 중요한 자리였는지 절로 이해가 되었다. 요즘 기준으로 본다면 강을 건너는 중요 지점에 위치한 군 기지랄까?

당나라의 의도적인 무시

이때 번방(蕃方, 신라·말갈·거란)과 중국의 여러 군대가 모두 사수(蛇水, 대동강 주변)에 모여 있었는데, 남건(男建, 연개소문 둘째 아들)이 군사를 내어 한 번 싸움으로 결판내려고 하였습니다. 신라 병마가 홀로 선봉이 되어 먼저 큰 진영을 깨뜨리니 평양성 안은 강한 기세가 꺾이고 사기가 위축되었습니다. 이후 다시 영공 이적이 신라의 용맹한 기병 500명을 뽑아서 먼저 성문으로 들어가 마침내 평양을 깨뜨리고 큰 공을 이루게 되었습니다.

이에 신라 병사는 모두 "정벌을 시작한 이래 이미 9년이 지나서 사람의 힘이 모두 다하였지만 끝내 고구려, 백제를 평정하였으니 여러 대를 두고 가졌던 오랜 희망이 오늘에야 이루어졌다. 반드시 우리나라는 충성을 다한 것에 대한 은혜를 입을 것이요, 사람들은 힘을 다한 상을 받게 될 것이다."라고 말하였습니다.

그러나 영공 이적이 비밀리에 "신라는 이전에 군대 동원의 약속을 어겼으니, 이를 헤아려 공을 정할 것이다."라 하자 신라 군사들은 이 말을 듣고 다시 두려움이 더하였습니다. 또한 공을 세운 장군들을 모두 기록하여 당나라에 들어갔는데, 당나라 수도에 도착하자 곧 "신라는 아무도 공이 없다."고 하니 백성들이 더욱 두려움을 더하게 되었습니다.

《삼국사기》 신라본기 문무왕 11년(671) 문무왕이 설인귀에게 보낸 답서

당나라 황제 고종은 668년 고구려 공격에 앞서 문무왕에게 대장군이라는 높고 상징적인 지위를 주었으며, 김유신에게는 이미 665년에 평양군개국공(平壤郡開國公)이라는 작호를 주었다. 이는 신라군을 이끄는 두 인물에게 높은 지위를 부여하여 고구려 원정에 특별히 힘써 달라는 의도였다. 특히 김유신이 받은 평양군개국공은 평양지역을 김유신에게 식읍으로 주겠다는 내용이자 더 나아가 대동강 이남은 신라에게 주겠다는 약조를 재확인한 내용으로도 볼 수 있었다. 이에 따라 신라는 당나라를 믿고 고구려 공략에 다시 한 번 힘을 쏟게 된다.

그 결과는 다음과 같으니, 우선 백제가 황산벌에서 마지막 저항에 나선 것처럼 668년에는 고구려가 대동강 주변인 사수에서 병력을 모아 방어에 나섰는데, 이를 신라군이 선봉으로 나서 깨버렸다. 다음으로 평양성 성문을 처음 돌파하는 일도 신라군이

맡아 공을 세웠다. 이외에도 고구려 평양성을 함락함에 있어 신라군은 매우 훌륭한 전과를 보였다.

이처럼 전투에서 신라가 적잖은 성과를 이루었음에도 나당연합군 총사령관 이적은 막상 평양성이 함락하자 신라가 이전에 군대동원의 약속을 어겼으니 이것까지 포함하여 공을 계산하겠다고 하는 것이 아닌가? 이는 곧 667년 겨울 신라군이 칠중성을 공략하여 평양으로 가는 길을 열던 중 당나라군이 먼저 퇴각했던 사건을 신라가 약속을 어겨 평양으로 오지 않아 벌어진 일로 여기겠다는 뜻이었다. 무엇보다 이적의 주장에 따른다면 667년에 충분히 마무리될 수 있었던 고구려 정복을 신라의 늦장으로 인해 668년이 되어서야 끝낼 수 있었다는 논리가 되어 신라 입장에서는 억울할 만했다. 660년 백제 멸망 때 소정방을 능가하는 트집 잡기라 하겠다.

그러더니 실제로도 신라의 공적을 기록하여 김인문과 여러 신라 장수가 이적과 함께 당나라로 갔으나 돌아온 것은 차가운 대우였다. 오히려 당나라 정부로부터 "신라는 아무도 공이 없다."라는 황당한 이야기만 들은 것이다. 더하여 평양성 함락 직후 문무왕이 직접 평양으로 오던 중이었으나 당나라 장수들이 이를 기다리지 않고 먼저 귀국해버리는 무례한 사건도 있었다. 이는 백제 멸망 직후 태종무열왕이 백제 수도인 사비성에 방문한 후 소정방을 비롯한 당나라 장수들과 함께 주연을 베풀면서 그동안 양국에 쌓인 대립을 풀던 장면과 확연히 비교되는 모습. 한마디로 당나라 장수들이 문무왕을 의도적으로 무시했던 것이다.

이처럼 나당연합군이 고구려 수도를 점령한 이후 백제 때와 마찬가지로 당나라의 태도가 크게 바뀌었음을 알 수 있다. 문제는 문무왕에 대한 이러한 당나라의 태도가 멸망한 백제 지역을 두고도 마찬가지였다는 점이다.

복종하는 자를 품고 배반한 자를 정벌하는 것은 선왕의 아름다운 법도이며, 망한 나라를 흥하게 하고 끊어진 대를 잇게 하는 것은 옛 성현들의 공통된 법도이다. 그러므로 전(前) 백제 대사가정경(大司稼正卿, 당나라 종3품) 부여융을 웅진도독으로 삼아 조상에 대한 제사를 지키고 고향 땅을 보존하게 하니, 신라에 의지하고 기대어서 오래도록 이웃 나라가 되어라. 각각 묵은 원한을 없애고 화친을 맺고, 각자 조명(詔命, 황제의 명을 적은 문서)을 받들어 영원히 번복(藩服, 제후국)이 될 것이다.

《삼국사기》 신라본기 문무왕 5년(665)

백제부흥운동을 이끌던 의자왕의 아들 부여풍이 663년 나당연합군에게 무너지면서 한때 뜨거웠던 백제부흥은 막을 내렸다. 당시 문무왕은 김유신 등 총 28명의 장군을 거느리고 직접 백제 옛 영토로 들어가서 전투를 이끌었는데, 사실상 이번 기회에 백제 영역을 신라 것으로 확보하기 위한 총력전이었다. 하지만 당나라의 입장은 이와 달랐으니, 백제부흥운동이 일단락되자 의자왕의 장남이자 한때 백제 태자였던 부여융을 웅진도독으로 삼아 백제영토를 지배, 관리토록 한 것이 아닌가? 이때 부여융은 660년 백제 멸망 때 의자왕과 함께 당나라에 포로로 잡혀간 인물이었다.

당연히 신라의 반발이 예상되는 만큼 당나라는 황제 고종의 명을 빌려 강제로 부여융과 화해를 하도록 한다. 이에 664년에는 문무왕의 의도적인 불참으로 우선 김인문과 부여융이 당나라 사신과 함께 신라와 백제가 앞으로 국경선으로 삼을 장소에서 만나 화친을 맹세했으나, 당나라는 아무래도 이것만으로는 구속력이 약하다고 본 듯하다. 이에 문무왕의 직접 참석을 강력히 요구한 후 웅진 취리산, 즉 지금의 공주시에서 665년 다시 한 번 화친 맹세를 맺도록 하였다. 특히 이 자리에는 당나라뿐만 아니라 탐라국과 왜의 사신도 증인으로 함께 하도록 하는 등 은근 외교적인 압박까지 선보였다. 일부러 주변 국가들이 함께하는 분위기를 만들어 신라가 맹약을 어기지 않도록 강제한 것.

이러한 당나라의 고압적인 태도에 어쩔 수 없이 문무왕은 웅진까지 와서 부여융을 만나 화친 맹세를 할 수밖에 없었다. 하지만 그동안 동맹으로 큰 역할을 맡았던 신라와 신라 국왕을 이렇게까지 무시하다니. 속으로는 부글부글 끓어오르지 않았을까? 멸망한 백제가 당나라에 의해 복원된다면 그동안 신라가 한 고생은 말 그대로 헛고생이 되는 셈이다. 게다가 괴뢰정권의 허수아비 수장 부여융 뒤에는 사실상 당나라가 있는 만큼 신라가 받는 압박은 과거 백제가 존재했을 때보다 더욱 심해질 테고.

그럼에도 불구하고 문무왕은 참고 인내하며 고구려 멸망까지 당나라와 함께했는데, 이는 김춘추와 당 태종 간 약조를 신라가 먼저 파기하지 않기 위함이었다. 신라의 도움으로 고구려가 멸망한다면 이때부터는 당나라한테 따질 부분은 제대로 따질 만한 정당한 명분이 생기는 거니까. 그러나 앞서 보았듯이 고구려 멸망 후 당나라의 태도가 또다시 변하자 문무왕은 최종 결심을 하게 된다. 신라 국익과 자존심을 위해 당나라와 전쟁도 불사하겠다는 결정이 바로 그것이다. 나당전쟁은 그렇게 시작되었다.

고구려 부흥군과 신라

어느덧 2000평 정도 된다는 호로고루 성 내부를
한 바퀴 쭉 걸어보았다. 저 멀리 삼국시대 전쟁부터
가까이는 6.25전쟁까지 경험한 이곳은 2006년 발굴
조사 결과 고구려 기와가 대거 출토되어 큰 주목을
받았다. 듣기로 남한영역에서 고구려 기와가 가장
많이 등장한 유적지라 한다. 궁과 사찰 건물 외에는
기와 건물이 무척 드문 시절인 만큼 아무래도 군사
령부 같은 중요한 시설물이 위치했던 것으로 추정
중이다. 뿐만 아니라 이곳 지하 식량창고에는 불에
탄 쌀·콩·조·팥 등의 곡물이 발견되었으며 이외
에도 우물, 목책, 초소, 대형 집수시설, 온돌시설 등
이 있었다고 한다. 이렇듯 지금은 평평한 들판처럼
보이는 성 내부지만 과거에는 여러 군사시설물이
존재했음을 알 수 있다.

당의 유인궤가 병사들을 인솔하여 호로하(임진
강)를 끊고 신라의 칠중성을 공격한 것이 바로 이 성
(호로고루)이다.

호로고루 성에서 출토된 기와. 호로고루 홍보관. ©Hwang yoon

《경기읍지》 1871년

　　고구려가 중요하게 여긴 만큼 신라 역시 이곳을
확보한 후부터 전략적인 장소로 활용했을 텐데, 안
타깝게도 나당전쟁이 한창이던 675년 2월 당나라가
임진강 건너 칠중성을 함락시켰기에 이곳도 이미
당나라 수중으로 떨어진 듯하다. 이번에는 이곳 여
울목을 통해 당나라 병력이 임진강을 건넌 것이다.
나당전쟁 역시 임진강을 중심으로 일진일퇴가 벌어
졌음을 의미한다. 그나마 다행인 점은 임진강을 중
심으로 그동안 고구려와 100여 년간 대립을 이어갔

던 신라 입장에서 나름 익숙한 전장이라는 것. 지리
가 익숙한 만큼 불리한 상황에서도 전황을 유리하
게 만들 기회를 여럿 얻지 않았을까? 마치 프로야구
에서도 홈경기가 원정경기보다 승률이 높은 것처럼
말이지.

한편 임진강을 두고 쓴 나당전쟁에 대한 기록은
다음과 같다.

연산도총관(燕山道摠管) 대장군 이근행이 호로
하(瓠瀘河, 임진강)에서 우리 병사(고구려)를 쳐부
수고 수천 명을 포로로 잡으니 나머지 무리가 모두
신라로 달아났다.

《삼국사기》 고구려본기 보장왕 673년 5월

당나라 군사가 말갈과 거란의 군사와 함께 와서
북쪽의 변경을 침범하였는데, 무릇 아홉 번 싸워서
우리 군사가 이겨 2000여 명을 목 베었다. 당나라 군
사 중에서 호로(瓠瀘, 임진강)와 왕봉(王逢, 한강 하
류) 두 강에 빠져 죽은 사람은 셀 수 없을 정도로 많
았다.

《삼국사기》 신라본기 문무왕 13년(673) 9월

본격적인 나당전쟁에 앞서 문무왕은 고구려, 백

제 유민을 적극적으로 신라로 포섭하고자 했다. 특히 고구려 멸망 후 고구려 유민들이 고구려부흥운동을 시작하자 이들을 적극 후원하면서 신라와 당나라 간 완충지대를 구축하였다. 강대국인 당나라와 직접 영토를 맞닿는 것보다 그 사이에 완충지대를 만들어 위협을 어느 정도 완화시키는 작업이랄까? 이와 유사하게 지금의 북한이 중국 입장에서는 완충지대라 함. 미군이 주둔한 대한민국과 중국 사이에 완충지대인 북한을 두어 위협을 완화하는 것으로 이러한 전략적 이유로 인해 중국이 북한을 지금도 매번 망하지 않을 만큼만 경제적으로 지원하는 중.

신라는 보장왕의 핏줄인 안승이 황해도를 기반으로 고구려부흥운동을 시도하자 이들을 적극 지원하였다. 670년 4월에는 고구려부흥군의 고연무와 신라의 설오유가 각기 1만 명씩 총 2만 명을 이끌고 압록강을 건너 당나라와 말갈 병력을 습격하여 크게 승리하기도 했을 정도. 이는 나당전쟁의 포문을 연 전투로서 그동안 당나라에 쌓인 것이 많았던 신라가 오히려 먼저 공격을 시작하였다. 속되게 표현하여 소위 선빵이랄까?

하지만 황해도를 기반으로 한 고구려부흥운동은 결국 당나라의 거센 반격에 의해 무너졌으며 신라 또한 이 과정에서 큰 패배를 경험하기도 했다. 그 결과 임진강에서 벌어진 673년 5월 당나라와의 전투를 끝으로 황해도를 기반으로 둔 고구려부흥운동은 사실상 붕괴되고 말았다. 이제 당나라와 신라가 본격적으로 국경을 마주하고 전쟁에 임하게 된 셈. 하지만 지도자인 안승은 670년에 이미 신라에 포섭되어 지금의 전라북도 익산으로 이주, 정착한 데다 문무왕에게 고구려 왕으로 책봉된 상황이었다. 마치 고구려가 신라의 보호국이 된 모양새.

그렇게 고구려부흥운동은 마감되었으나 당나라와 신라의 임진강을 둔 일진일퇴는 지속되었는데, 고구려부흥군을 무너뜨린 당나라군이 얼마 뒤인 673년 9월 말갈과 거란을 이끌고 임진강으로 쳐들어오자 신라가 이들과 아홉 차례나 싸운 끝에 2000여 명의 목을 베며 승리하였고, 패배 후 달아나던 당나라군은 많은 이가 한강 하류나 임진강에 빠져 죽기도 했다. 그러자 당나라는 앞서 이야기했듯 675년 2월 호로고루 성 옆 여울목을 통해 임진강을 건너 칠중성을 공략하더니, 675년 9월에는 여기서 동쪽에 위치한 임진강 상류를 건너 연천군에 위치한 매소성으로 진출하였다.

자~ 그럼 슬슬 칠중성으로 이동해볼까? 카카오택시를 통해 다시 한 번 택시를 부를 시간.

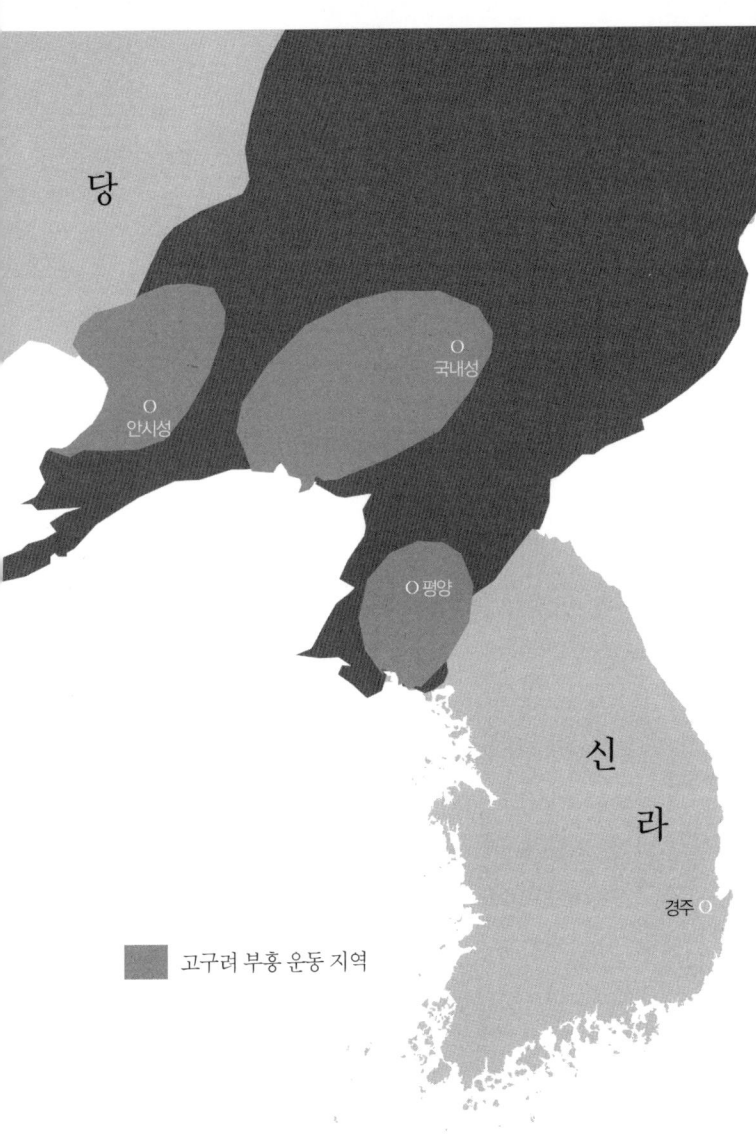

당

안시성 O

국내성 O

O 평양

신 라

경주 O

■ 고구려 부흥 운동 지역

여러 지역에서 동시다발적으로 일어난 고구려 부흥운동, 이 중 신라는 황해도 지역의 고구려부흥운동을 적극 지원하였다.

6. 파주 칠중성

신라의 양동작전

택시가 도착했다. 호로고루 성부터 칠중성까지는 가까우니 금방 도착할 듯. 요즘 들어 매번 느끼지만 스마트폰이 생긴 뒤로 유적지 여행 난이도가 무척 낮아진 편이다. 스마트폰을 꺼내 클릭 몇 번이면 버스 시간표 확인부터 택시까지 쉽게 잡을 수 있으니까. 더 나아가 AI 시스템이 발전하면 지금이야 설명 내용이 약간 부실한 상황이지만 가까운 미래에는 유적지 도착 때마다 일부러 검색을 통해 찾지 않아도 관련 설명이 줄줄 스마트폰에서 음성으로 나오는 날도 오지 않을까? 더 미래에는 아예 역 앞에서 무인 관광자동차가 기다리다 관광객을 태운 채 자동으로 유적지와 역사 설명을 해주며 이동하는 시대가 열릴 듯. 대략 10~15년 뒤로 예상해본다. 하하.

왕(문무왕)은 백제의 남은 무리들이 배반할까 의심하여, 대아찬 유돈을 웅진도독부에 보내어 화친을 청하였으나, 웅진도독부는 따르지 않고 곧 사마

(司馬) 예군을 보내어 엿보게 하였다. 왕은 저들에게 음모가 있음을 알고 예군을 붙잡고 보내주지 않았으며, 군사를 일으켜 백제를 토벌하였다. 품일, 문충, 중신, 의관, 천관 등이 63곳의 성을 공격해서 빼앗고, 그곳의 사람들을 신라 영토로 이주시켰다. 천존과 죽지 등은 일곱 성을 빼앗았으며, 목 베어 죽인 것이 2000급이었다. 군관과 문영은 열두 성을 빼앗고 적병을 공격하여 목 베어 죽인 것이 7000급이며 말과 무기를 빼앗은 것도 매우 많았다.

《삼국사기》 신라본기 문무왕 10년(670) 7월

그럼 다시 이야기로 돌아와서 신라가 황해도 지역에서 일어난 고구려부흥군을 지원하며 시간을 버는 동안 문무왕은 백제 영토 내 주둔 중이던 당나라 군을 한반도 밖으로 쫓아내고자 했다. 이 시점 당나라는 지금의 공주시인 웅진에다 도독부를 설치하여 백제 영역을 통치하고 있었는데, 이를 가능한 빠른 시점에 약화시키는 것이 신라의 전략상 중요 목표였기 때문.

아~ 잠시 이 부분을 부연 설명하자면 당나라는 멸망한 백제 지역에는 웅진도독부를 고구려 평양에는 안동도호부를 설치하였는데, 신라 입장에서 볼 때 무척 위협적인 존재였다. 무엇보다 고구려와 백제가 당나라, 신라의 양방향 진격을 방어하지 못해 무너진 것처럼 만일 신라도 옛 고구려 지역에 설치된 안동도호부와 옛 백제 지역에 설치된 웅진도독부를 통해 양방향으로 당나라의 공격을 받게 된다면 방어가 무척 힘들어지게 될 테니까. 그런 만큼 신라 입장에서는 웅진도독부의 힘을 빠르게 축낸 후 북방으로 군사 에너지를 최대한 집중하는 것이 나당전쟁 승리를 위한 중요 포인트였다는 사실. 가능한 전선을 단순화시키는 작전이라 하겠다.

참고로 도독부(都督府)는 당나라가 변경이나 군사적 요충지에 둔 관청으로 보통 타 국가를 정복하거나 속국으로 만든 후 설치하였다. 이때 토착민들의 반발을 무마하고자, 해당 국가의 군주를 허수아비 도독으로 임명하곤 했으니, 이렇게 임명된 도독은 사실상 행정적인 일만 담당했을 뿐 외교 및 군사적인 실무는 파견된 당나라 군대의 간섭으로 인해 활동 범위에 있어 분명한 한계가 있었다. 마찬가지로 도호부(都護部)는 유사성격을 지닌 도독부보다 상위 조직으로 당나라는 660년 웅진도독부를 세운 후 668년에는 고구려 평양에다 안동도호부를 세워 두 기관이 서로 협력, 운영하도록 계획을 세웠다. 그러나 계획과 달리 안동도호부는 황해도 지역에서 벌어진 고구려부흥운동과 신라의 반발로 670년 들

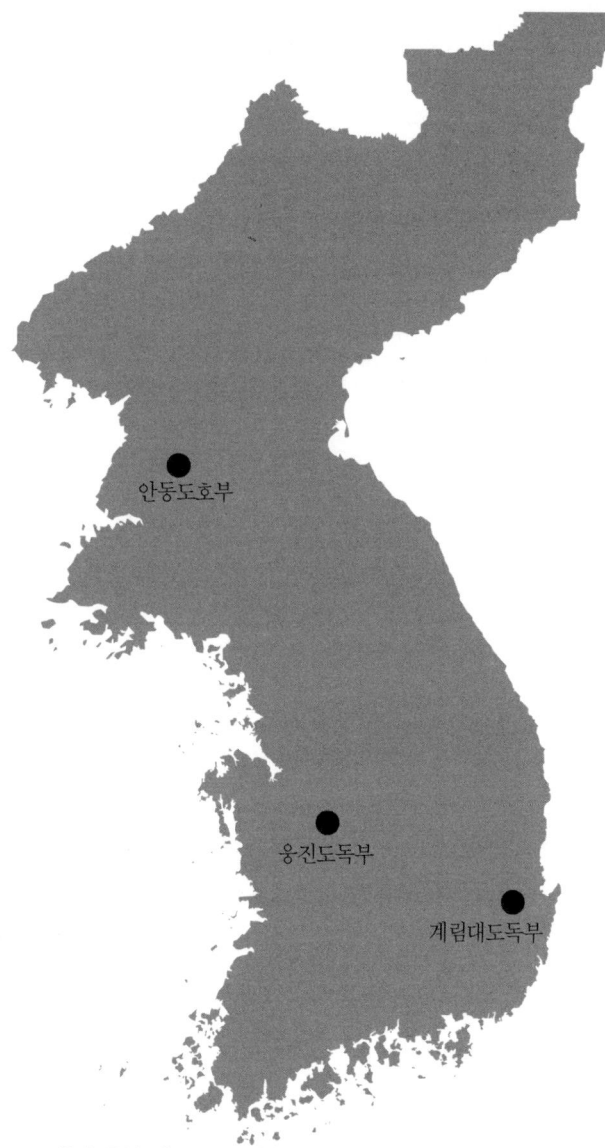

웅진도독부, 안동도호부, 계림도독부. 당나라는 최종적으로 한반도를
자신들이 관리하고자 했다.

어와 요동으로 옮겨진 상황이 된다.

가만 생각해보니 이 당시 백제의 모습은 제2차 걸프전쟁 이후의 이라크 모습과 무척 닮아 있었다. 2003년 이라크를 공격한 미국은 대통령인 사담 후세인을 처형하고 한동안 미군정으로 통치하다가 서서히 행정권을 이라크에 넘겨주면서 현재의 이라크 정부가 등장하게 된다. 그럼에도 불구하고 이라크 전역에 배치된 미군의 영향력에 의해 지금도 여전히 이라크 정부는 군사, 외교적으로 여러 제약을 받고 있으며 친미 정부에 대한 이라크 사람들의 반발 및 미군기지에 대한 테러도 계속 벌어지고 있다고 함.

이와 유사하게 백제 멸망 후 당나라에서는 고위 무장이었던 왕문도→ 유인원→ 유인궤를 차례로 파견하여 웅진도독으로 삼다가, 백제부흥운동이 마무리된 이후에야 의자왕의 아들이자 옛 백제의 태자였던 부여융을 웅진도독으로 파견하기에 이른다. 그럼에도 불구하고 백제 영역에 주둔하고 있는 당나라 군대의 입김이 상당히 강한 상태였지. 문제는 이러한 도호부, 도독부 시스템을 당나라가 신라에도 도입하고자 했다는 점. 실제로 당나라는 663년 신라를 계림대도독부로 문무왕을 계림주대도독으로 삼았는데, 이는 가까운 미래에 고구려, 백제처럼 문무왕을 허수아비로 둔 채 당나라 수중에 신라를 운영하겠다는 의도가 담긴 음흉스러운 계획이었다.

한편 문무왕은 웅진도독부를 공략하면서 그 유명한 화전양면전술(和戰兩面戰術)을 적극 선보였다. 겉으로 평화를 이야기하며 실제로는 전쟁을 준비하는 작전이 그것. 한마디로 말해 적을 방심케 한 후 그 틈을 노려 공격하는 전략이라 하겠다. 자세히 살펴보면 신라는 그동안 사이가 안 좋던 웅진도독부와 화친하자는 메시지를 준 후 이에 대한 반응으로 도독부가 고위직 인물 예군을 신라로 보내자 곧바로 그를 간첩 혐의로 억류하였다. 그러더니 그동안 착실히 준비한 여러 신라 장수와 병력을 보내 웅진도독부가 통치하던 성과 백성을 대거 빼앗고, 주둔 중이던 당나라군과 이들을 돕던 백제군을 대거 참살하거나 포로로 잡았다. 제대로 빈틈을 노린 대승.

그렇게 한순간에 중요 지점이 눈 녹듯이 무너지면서 웅진도독부는 제대로 된 반격도 하지 못한 채 일부 저항만 지속하다 얼마 뒤 나머지 영역마저 신라에게 완전히 병합당하고 말았다. 이처럼 상황이 크게 악화되자 당나라는 676년에 껍데기만 남은 웅진도독부를 안동도호부와 마찬가지로 요동으로 옮기며 사실상 실패를 인정할 수밖에 없었다. 그렇다면 이 과정에서 웅진도독부의 도독이었던 부여융은 어찌되었을까?

취리산 맹세 후 유인원 등이 돌아오자, 부여융은
그 무리가 흩어질까 두려워 역시 당나라 수도로 돌
아왔다. 의봉 연간(676~678)에 부여융을 대방군왕
으로 승격시켜 본국으로 돌아가도록 하였다. 이때
신라가 강성하자, 부여융은 감히 옛 나라로 들어가
지 못하고 고구려에 의지해서 지내다가 죽었다.

신당서(新唐書) 열전 동이(東夷)

옛 백제의 태자였던 부여융은 당나라에 의해 허
수아비 백제 수장으로 올랐으며, 나당연합군이 한
창 백제부흥운동을 진압할 때는 당나라군의 얼굴마
담 역할을 톡톡히 해냈다. 백제 정통성을 부흥운동
을 이끌던 부여풍이 아닌 부여융에게 부여함으로써
백제부흥운동의 구심점을 분열시키는 당나라 전략
이었다. 이후 부여융은 웅진도독이 되어 문무왕과
공주 취리산에서 만나 화친맹세를 맺기도 했으나,
얼마 뒤 당시 양국간 맹세를 주도한 당나라 장수 유
인원과 함께 당나라로 돌아갔다.

그러던 중 신라에 의해 웅진도독부가 한반도 밖
으로 쫓겨나자 더 이상 고향인 옛 백제땅으로 돌아
올 수 없게 되었으며, 당나라에 의해 요동도독이 된
고구려 마지막 왕 보장왕처럼 근처 요동으로 옮겨

진 웅진도독부를 관리하다 68세의 나이로 당나라 수도 낙양에서 사망하였다.

부여융의 인생을 따라가보니 고향을 잃은 그의 운명이 안타깝게 여겨지는 반면, 문무왕의 웅진도독부 축출이 의외로 쉽게 마무리된 상황도 충분히 이해된다. 이 시점 백제 사람들의 관점에서 바라보면 부여융은 자신들의 독립 의지를 꺾어버린 당나라 허수아비에 불과했기에 명목상 부여융이 이끄는 웅진도독부 역시 한반도에 남아 있던 백제인들의 전폭적인 지지를 받지 못했을 것이다. 아무래도 부여융의 당시 모습은 일제강점기 시절 일본에 의해 명목상 한반도 군주로 대접받던 영친왕과 유사했을 테니까. 영친왕 역시 독립운동가들에게 결코 좋은 평가를 받지 못했는데, 오죽하면 독립 이후에도 비판 여론으로 인해 고국인 한반도로 한동안 돌아오지 못할 정도였으니까.

이처럼 부여융에 대한 백제인들의 충성도가 약했기 때문에 신라군에게 방심하여 당한 첫 패배는 그렇다 치더라도, 이후에도 제대로 된 반격조차 할 수 없었던 것이 아니었을까? 문무왕과 신라 수뇌부들은 웅진도독부에 대한 옛 백제 지역의 분위기와 반응을 충분히 알고 있었기에 자신감에 차 더욱 과감한 공격에 나설 수 있었던 것이다.

예군 묘지명

　나당전쟁 때 웅진도독부의 사마(司馬)라는 지위로 신라에 파견되었다가 억류당한 예군의 묘지명이 2011년 7월 중국학계에 의해 널리 알려졌다. 묘지명(墓誌銘)은 묘 주인의 삶을 기록하여 묘 안에 함께 묻어놓는 물건을 뜻하며, 덕분에 해당 인물의 삶을 추적할 수 있어 그 의미가 남다르다. 특히 예군과 그의 동생인 예식진을 비롯하여 예씨 가족의 묘지명 4점이 비슷한 시점 동시다발로 발견되는 바람에 백제 멸망 때 분위기와 이후 백제 유민들의 활약상을 확인할 수 있었는데, 이들은 백제 멸망 직후 백제계 당나라인으로 활동한 인물들이라는 사실. 묘지명이 출토된 장소만 봐도 당나라 수도 장안의 남쪽에 위치한 고양원이었으니까. 이렇듯 당나라 귀족들이 주로 묻힌 고양원에 이들의 가문 묘가 조성된 것이다.

　묘지명에 따르면 예군과 예식진 형제는 당나라에게 항복한 백제 왕족에 버금가는 높은 대우를 받았는데, 이는 이들이 660년 나당연합군의 백제 공격 때 의자왕의 항복을 주도했기 때문이다. 당시 의자왕은 수도 사비성이 함락될 위기에 직면하자 웅진, 지금의 공주시로 측근을 거느리고 달아났으나, 얼마 뒤 웅진방령(熊津方領)이었던 예식진과 함께 나당연합군에 항복하고 만다. 이 과정에서 이들 형제가 백제 조정과 당나라군과의 교섭에 주도적인 역할을 했기에, 이후 당나라가 백제 지역을 통치하는 데 있어 당나라 입장을 적극 투영하는 인물로서 활동할 수 있었다. 쉽게 이해하자면 백제 입장에서 볼 때 조선 말 친일파인 이완용, 송병준, 이용구 등과 유사하다고나 할까?

하나씩 살펴보면 동생 예식진은 당나라에서 종3품 귀덕장군에 임명된 후 웅진도독부의 백제 지역 통치를 적극 지원했으며, 672년 산둥반도 내주(萊州)에서 58세의 나이로 사망하였다. 나당전쟁 때 위기에 빠진 웅진도독부를 지원하고자 준비 중이던 당나라 병력이 내주에서 출발했던 만큼 이를 도와주던 중 죽은 것이다.

반면 형인 예군은 동생보다 낮은 4품 지위를 받았는데, 주로 웅진도독부 소속으로 외교활동을 맡았다. 예를 들면 당나라의 일본 외교 때 도움을 주고자 664년과 665년 두 차례에 걸쳐 당나라 사신과 함께 일본을 방문했으며, 670년에는 웅진도독부 사마로서 신라를 방문했다가 억류당하기도 했다. 그러다 2년 후 석방되어 당나라로 갔으며, 나당전쟁이 끝난 시점인 678년에 66세의 나이로 당나라 수도인 장안에서 죽었다. 학계에서는 이들 형제가 웅진도독부에 주둔한 당나라군과 협력하며 실질적인 영향력을 행사한 것으로 보고 있다. 이 또한 일제 강점기 시절 일본 귀족이 된 조선 고위층과 유사한 느낌.

> 공은 신하의 절조를 두루 보이며 목숨을 바쳤고, 사신으로 가는 일을 찬미하며 빠르게 달려갔다. 바다 위를 날아서 건너가는 푸른 매였고, 높이 날아올라 산을 넘는 붉은 새였다. 강이 만나는 곳의 물길을 여니 천오(天吳, 물의 신)가 조용해졌고, 바람이 돌아나가는 곳을 뚫으니 구름길이 통했다. 놀란 오리가 짝을 잃은 것처럼 저녁이 끝나기 전에 건너갔다. 드디어 천자(天子)의 위엄을 충실히 설파할 수 있었으니 변방의 복이 영원함을 깨우쳐주었다. 참제(僭帝)가 하루아침에 신하라고 칭했다. 이에 명문 대 귀족 수천인을 거느리고 장차 조정에 들어와 알현하고자 하였다.
>
> 예군 묘지명(禰軍 墓誌銘) 678년

그래서일까? 예군이 웅진도독부에서 사신으로

활동한 이력은 묘지명에도 화려한 수식으로 가득한 문장을 통해 묘사되어 있다. 이 중 그가 천자, 즉 황제의 위엄을 바다, 산을 넘어 여러 곳에 알렸다는 내용과 함께 참제라는 표현이 등장하여 무척 흥미롭다. 여기서 참제(僭帝)란 황제를 참칭하다라는 뜻이니, 해석하자면 이 시점 어느 누군가가 당나라 황제를 배반하고 오히려 황제처럼 행동하다 하루아침에 분수를 깨닫고 신하 행색을 보였다는 내용이다. 그렇다면 당시 참제를 한 인물은 과연 누구였을까?

칠중성과 벙커

택시에서 내렸다. 이동하며 이야기를 나누어보니 놀랍게도 안양 인덕원에서 살다 은퇴 후 맑은 공기를 찾으러 파주로 이사 온 분이라 그런지 안양에서 온 나에게 남다른 반가움을 표했다. 그래서일까? 일부러 차로 이동하기 힘든 곳까지 택시가 올라가주는 바람에 칠중성이 위치한 산 정상부까지 많이 걷지 않고 도착. 그렇게 칠중성 정상부에 올라오자 군인들이 여럿 모여 제초작업을 하고 있구나.

칠중성은 높이 147m의 파주 중성산 정상부를 띠 두르듯 둘레 603m로 성을 축조했는데, 이런 형태를 소위 테뫼식 산성이라고 부른다. 지난번 방문한 화성 당성이 158m의 구봉산 위에 610m 둘레로 테뫼식 산성을 쌓은 것처럼 비슷한 높이에다 비슷한 규모로 산성을 쌓았음을 알 수 있다.

게다가 성 위에서 바라본 뷰마저 두 성이 비슷한데, 주위가 탁 트여 펼쳐 보이는 광경이 과연 일품이구나. 다만 당성이 서해를 조망한다면, 칠중성은 임진강을 조망하고 있다. 이로써 알 수 있는 점. 방

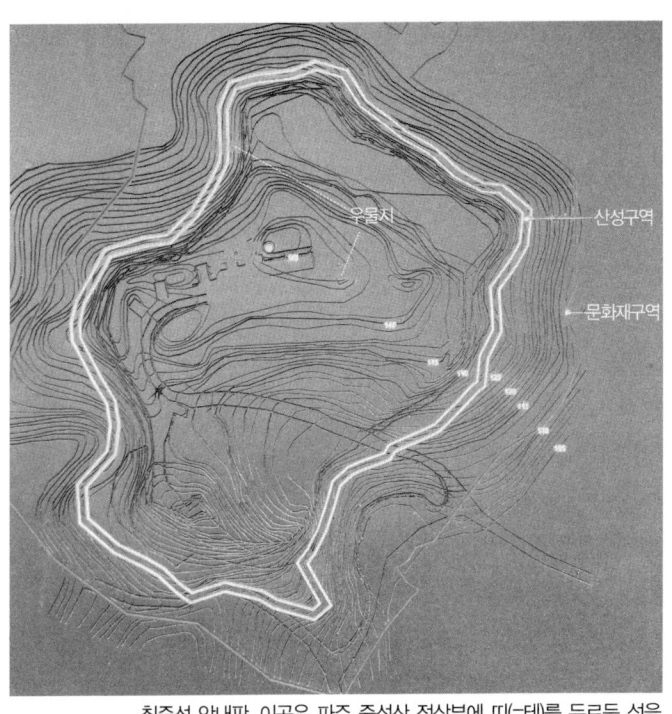

칠중성 안내판. 이곳은 파주 중성산 정상부에 띠(=테)를 두르듯 성을
축조하여 테뫼식 산성이라 부른다.

금 전 방문한 호로고루 성이 여울목 가까이 위치하
여 북에서 남으로 임진강을 건너는 병력을 지원하
는 목적이 강하다면, 이곳 칠중성은 임진강을 건너
남으로 이동하는 적을 높은 곳에서 조망하며 방어
하는 것이 주요 목표라 하겠다. 그런 만큼 과거 칠
중성에 배치된 군인들은 매일같이 호로고루와 그
근처 여울목의 군사 이동 관찰이 가장 중요한 임무
였을 것이다. 긴장 속에 하루하루 보내는 삶. 나 또

오래된 성곽 흔적보다 현대식 벙커가 많이 보이는 칠중성 정상.
©Hwang yoon

한 군대 복무 시절 높은 산에 위치한 방공포대에서
근무해서 그런지 칠중성 군인들의 경험이 쉽게 그
려진다.

안타깝게도 삼국시대 성을 보러 왔음에도 복원이
되지 않아, 일부 남아 있는 성벽 외에는 과거 성의
모습을 제대로 확인하기 어렵다. 오히려 6.25 때도
주요 전장이었던 장소라서 그런지 여기저기 현대식
벙커가 유독 많이 보인다. 실제로도 1951년 4월에
영국군 1개 여단이 10배 규모의 중공군 3개 사단과 3
일간 치열한 전투를 벌인 장소가 다름 아닌 이 주변
이라 함. 만일 북한과 전쟁이 터지면 임진강을 두고
언제든지 전략적으로 중요한 장소로 다시금 부각될

칠중성 성곽 흔적. ©Hwang yoon

가능성이 높다고 하겠다. 호로고루의 옛 성을 볼 때와 달리 이곳 벙커를 보자 당장 벌어질지도 모를 전쟁의 냉기가 느껴지며 오싹오싹해지는구나.

자~ 그럼 이곳에서 임진강을 바라보며 아까 하다만 참제에 대한 이야기를 이어가보기로 하자. 예군 묘지명에는 참제라는 표현이 등장하나 참제일단칭신(僭帝一旦稱臣 : 참제가 갑자기 신하라고 칭하였으므로)라는 표현 외에는 구체적인 인명이나 국호가 없어 누가 언제 참제를 한 것인지 해당 내용으로는 정확히 알 수 없다. 그래서일까? 학계에서는 참제에 대해 의자왕이라는 설과 보장왕이라는 설, 문무왕이라는 설 등으로 각각 나뉘어 주장되고 있다. 물론 참제란 중국 입장에서 자신들의 예법을 벗어난 행동으로 여겨 비판한 것에 불과하지만.

개인적으로는 이 중 문무왕일 가능성이 높다고 보고 있는데, 이유는 다음과 같다. 우선 참제에 대한 언급이 예군의 사신 활동 말미에 등장하기 때문이다. 앞서 이야기했듯 예군은 일본과 신라를 사신으로 방문한 경력이 있었는데, 묘지명에서는 일본은 바다 건너로 신라는 산을 넘는 모습으로 묘사하였다. 이를 당나라에서는 황제의 위엄을 먼 변방까지 널리 알린 공이라 여긴 것이다. 이 과정에서 예군은 신라에 억류당하기도 했으나 불과 2년 뒤인 672년 9월에 석방되었는데, 당시 문무왕이 그를 석방한 이유는 672년 8월 신라가 북방전선에서 당나라에게 큰 패배를 당하면서 화친전략으로 잠시 시간을 벌 필요가 있었기 때문이다. 이러한 화친전략을 당나라 입장에서는 문무왕이 갑자기 신하를 칭한 모습으로 해석한 것.

게다가 이 시점 고구려부흥운동 세력 중 일부를 익산에 머물게 하며 이들의 대표인 안승을 고구려왕으로 책봉한 문무왕의 행동은 마치 황제가 제후국 왕을 책봉하던 모습과 유사했다. 그런 만큼 당나라 입장에서는 문무왕을 황제를 참칭한 참제로 해석한 것이 아닐까? 한마디로 황제가 아님에도 제후국을 거느리는 등 황제 흉내를 낸다 이거지.

여기까지 보았듯이 당나라가 문무왕을 참제로 여길 만큼 나당전쟁 초기만 하더라도 승승장구하던 신라였으나 얼마 뒤 큰 위기를 맞는다. 포로로 잡은 예군을 석방하게 만든 672년 8월 전투의 패배가 바로 그것. 이때 문무왕은 당 황제에게 사죄하는 편지를 보냈을 정도였다.

석문전투의 패배

정리해보자면 나당전쟁의 큰 흐름은 다음과 같이 진행되었다.

668년 9월 21일 고구려 멸망→ 668년 당나라가 평양에 안동도호부 설치→ 670년 3월 신라군 1만과 고구려부흥군 1만 명이 함께 압록강을 건넌 후 4월 4일 당나라를 공격하면서 나당전쟁 시작→ 670년 7월 신라에 사신으로 온 예군을 억류한 후 곧바로 신라의 웅진도독부 공격→ 670년 7월 문무왕이 고구려부흥운동을 이끌던 안승을 고구려왕에 책봉→ 671년 6월까지 신라의 지속적인 웅진도독부 공격→ 671년 7월 26일 당나라 장수 설인귀가 문무왕에게 편지를 보내 신라의 배신을 따짐→ 671년 7월 26일 문무왕이 설인귀에게 답장을 보내 오히려 당나라가 신라와의 약속을 어겼음을 따짐→ 671년 9월 당나라 장수 고간이 병력 4만을 이끌고 평양에 도착하여 고구려부흥군을 크게 압박하기 시작→ 672년 7월 당나라 장수 고간과 이근행이 이끄는 4만 명이 평양에 주둔→ 672년 8월 신라가 고구려 부흥군과 함께 황해도 지역에서 당나라 병력과 격돌하여 큰 패배를 당함→ 문무왕이 당 황제에게 사죄하며 그 동안 전쟁에서 포로로 잡은 당나라 측 인원을 풀어 줌→ 673년 5월 당나라 장수 이근행이 황해도 지역의 고구려부흥군을 완전히 붕괴시킴→ 673년 7월 1일 김유신이 세상을 뜸→ 673년 9월 임진강에서 신라가 당나라군과 아홉 번을 싸운 끝에 격파→ 675년 2월 당나라 장수 유인궤가 칠중성을 무너뜨림→ 문무왕이 당 황제에게 다시 한 번 더 사죄→ 675년 9월 당나라 장수 설인귀가 임진강 하류를 공격하다 신라의 반격으로 퇴각함→ 675년 9월 신라가 칠중성, 매소성 등 임진강 주변에서 당나라군과 18번의 전투 끝에 6047명을 목 베고 승리→ 675년 9월 29일 매소성에 진을 친 당나라군이 퇴각→ 676년 11월 당나라 장수 설인귀가 수군을 이끌고 금강 하류에 위치한 기벌포로 쳐들어왔으나 22번의 전투 끝에 신라가 4000여 명의 목을 베며 승리하면서 나당전쟁 마무리.

이렇게 쭉 펼쳐보니, 나당전쟁 중 문무왕이 당나라 황제에게 무려 두 번이나 사죄를 했구나. 이 중 첫 번째 사죄는 672년 8월 황해도 석문에서 신라 고구려부흥운동 연합군을 상대로 당나라가 큰 승리를 거두었을 때라 하겠다. 나당전쟁 후 한동안 승승장구하던 신라에게 찬물을 끼얹는 엄청난 사건이었다.

　　당나라 군사가 한시성과 마읍성을 공격하여 이겼다. 군사를 전진시켜 백수성에서 500보쯤 되는 곳에 군영을 만들었다. 우리 군사와 고구려 군사가 당나라 군사와 맞서 싸워 수천 명의 목을 베었다. 고간 등이 물러나자 추격하여 석문(石門)에 이르러 싸웠는데, 우리 군사가 패하여 대아찬(大阿湌, 신라 5등 관등) 효천, 사찬(沙湌, 신라 8등 관등) 의문, 산세, 아찬(阿湌, 신라 6등 관등) 능신, 두선, 일길찬(一吉湌, 신라 7등 관등) 안나함, 양신 등이 죽임을 당하였다.

《삼국사기》 신라본기 문무왕 12년(672) 8월

　　당시 당나라군은 총 4만 명으로 고간과 이근행이 이끌고 있었다. 두 인물 모두 668년 고구려 멸망 때와 나당전쟁까지 참여하여 공을 세웠으며, 특히 나당전쟁 때에는 육군을 거느린 채 수군을 이끄는 설인귀와 함께 북쪽에서 신라 압박에 나섰던 인물이다. 한마디로 수륙 양면공격 중 한 축을 담당했던 것. 이들을 상대로 황해도 지역에서 격돌하여 처음에는 신라가 고구려부흥군과 함께 수천 명의 당나라군을 죽이는 등 큰 승리를 거두었으나, 퇴각하던 당나라군을 추격하던 중 석문이라는 장소에서 일격을 당하고 만다. 단순한 패배가 아닌 신라 여러 장수가 전사할 정도로 큰 패배였다. 이 전쟁은 벌어진 지역명을 따서 석문전투라 부른다.

마침 석문전투에서는 김유신의 아들인 김원술이 참가하여 겨우 살아 돌아왔으니, 이와 관련한 기록을 살펴보자.

대왕(문무왕)이 이를 듣고 김유신에게 묻기를, "군의 패배가 이와 같으니, 어떻게 해야 하는가?"라 물었다. 유신이 대답하여 말하기를, "당나라군의 계략은 헤아리기 어렵습니다. 마땅히 장수와 병사들로 하여금 각 요충지를 지키게 해야 합니다. 다만 원술은 왕명을 욕되게 했을 뿐 아니라, 또 가훈을 저버렸으니 목을 베어 죽여야 합니다."라고 하였다.

그러나 대왕이 말하기를, "원술은 비장(裨將)이므로, 그에게만 유독 무거운 형벌을 내릴 수 없다."라 하면서, 곧 죄를 사하여 주었다. 사면을 받았지만 원술은 부끄럽고 두려워 감히 아버지를 뵙지 못하고 시골에 은둔하였다.

아버지가 돌아가시자, 얼마 뒤 어머니를 뵙고자 하였다. 하지만 어머니가 말하기를, "여인에게는 삼종(三從)의 도리가 있어서, 지금 이미 과부가 되었으니 마땅히 아들을 따라야 하겠지만, 원술과 같은 자는 이미 돌아가신 남편에게 아들 된 도리를 하지 못하였으니, 내가 어찌 그 어머니가 될 수 있겠는가?'라고 하면서, 마침내 그를 보지 않았다. 원술이 소리내어 울면서 가슴을 치고 펄쩍 뛰면서 떠나지 못하였으나, 부인은 끝내 보려고 하지 않았다.

《삼국사기》 열전 김유신

문무왕은 이번 큰 패배 소식에 놀라 김유신을 만나 계책을 물었다. 그러자 김유신은 지금까지의 공세전략(攻勢戰略)을 멈추고 수세전략(守勢戰略)으로 빠르게 전환해야 함을 주장하였다. 참고로 공세전략이란 위기가 닥쳤을 때 과감한 공격을 통해 주도권을 장악하는 전략을 말한다. 예를 들면 나당전쟁을 신라의 공격으로 시작한 것부터 웅진도독부를 제압하기 위해 적이 방심한 사이 주요 거점을 단박에 장악하는 모습이 바로 그것이다. 이러한 과정을 통해 자신감을 얻은 신라는 요동에서 평양을 거쳐 진격해온 당나라 본대와도 처음에는 공세전략으로 맞붙었으나, 석문에서 크게 패하면서 전략변경을 시도한다. 이것이 바로 수세전략으로 지형과 성곽을 이용한 방어에 집중하여 적의 공격을 저지하다가 적의 힘이 빠지면 반격하여 격퇴하는 작전이다.
실제로도 신라는 석문전투 패배 직후부터 김유신의
의견대로 여러 거점마다 성을 엄청나게 빠른 속도
로 쌓기 시작했는데, 철저한 방어전에 임하기 위해
서였다.

신라는 임진강 북쪽부터 평양까지 적극 진출하
려던 계획을 잠시 멈추고 임진강을 기점으로 방어
에 나섰다. 그 결과 673년 5월 당나라 장수 이근행
이 황해도 지역의 고구려부흥군을 임진강 북쪽에서
무너뜨릴 때도 이전과 달리 별 다른 지원을 하지 않
다가 673년 9월 임진강 남쪽으로 당나라군이 내려
오자 아홉 번을 싸우며 끈질기게 싸운 끝에 승리하
게 된다. 임진강 남쪽은 반드시 지켜내겠다는 의지
를 보인 것이다.

다만 문무왕은 퇴각하여 살아남은 김원술을 죽
이라는 김유신의 청은 거절했는데, 이는 아직 그가
어린 데다 전쟁의 패배를 책임질 만한 위치가 아니
라 여겼기 때문이다. 반면 김유신은 김원술을 결코
용서하지 않았으니, 김유신이 세상을 뜬 후 그의 부
인 역시 마찬가지로 아들을 만나주지 않을 정도였
다. 이 정도까지 부모가 아들인 김원술을 용서하지
않은 이유는 과연 무엇이었을까?

당시 신라는 상무정신에 따라 나라를 위해 초개

처럼 목숨을 바치는 것을 엄청난 자부심으로 여겼다. 당장 태종무열왕 김춘추의 사위 중에 두 명이나 전장에서 전사했으며, 김유신도 젊은 시절 죽음을 각오하고 적진에 과감히 뛰어들어 패전의 늪에 빠진 신라군을 승리로 이끈 적이 있었다. 이외에도 《삼국사기》에는 거센 적과의 싸움에도 퇴각하지 않고 끝까지 싸우다 전사한 신라인들의 이름이 매우 자주 등장한다. 이 중 대중들이 잘 아는 대표적인 이야기로는 계백의 5000 결사대를 상대로 어린 나이의 화랑인 반굴과 관창이 돌격하여 전사한 황산벌 전투가 있다. 이때 반굴은 김유신의 조카였으며, 관창은 장군 김품일의 아들이었다. 둘 다 진골 신분이자 최고위층 자제였던 것.

관창이 돌아와서 말하기를, "조금 전에 내가 적의 한가운데에 들어가서 장수의 목을 베고 깃발을 빼앗지 못한 것이 깊이 한스러운 바이다. 다시 들어가면 반드시 성공할 수 있다."라고 하였다. 손으로 우물물을 움켜 다 마신 후에 다시 적진에 돌진하여 힘껏 싸웠다. 계백이 관창을 사로잡아 머리를 베어 말안장에 매달아서 보냈다.

김품일이 아들의 머리를 잡고 소매로 피를 닦으며 말하기를, "우리 아이의 얼굴과 눈이 살아 있는 것 같구나. 능히 왕을 위해 죽었으니, 후회할 것이 없다."라고 하였다. 삼군(三軍, 신라 전 병력)이 이를 보고 슬퍼하고 한탄하며 의지를 세웠다. 북을 울리고 소리를 지르며 진격하니, 백제가 크게 패하였다.

《삼국사기》 열전 관창

660년 계백의 5000 결사대는 김유신의 신라 5만 대군과 황산벌에서 백제 운명을 둔 결전을 펼쳤다. 이 당시 계백은 살아서 치욕을 받을 수 없다 하여 처자식을 모두 죽이고 전장에 나섰는데, 계백을 필두로 죽음을 각오한 백제의 기백으로 인해 한동안 무려 10배 차이의 병력마저 극복할 정도였다. 그러자 신라에서는 어린 나이에다 정신이 잘 무장된 화랑들을 전장에 적극 투입했으니, 지금 기준으로 보면 초급장교라 할까? 그렇게 관창이 처절한 싸움 끝에 죽자 아버지 김품일은 나라를 위해 죽음을 맞이한 아들의 목을 결연히 맞이하는 것이 아닌가? 이 모습에 감동한 신라군이 의지를 불태우며 진격하니 숫자에서 밀린 계백을 포함한 5000 결사대는 더 이상 버티지 못하고 무너지고 말았다.

이처럼 상무정신이 가득했던 시절, 그 누구도 아닌 김유신의 아들이 전장에서 죽음을 맞이하지 않고 살아 돌아온 것이다. 만일 김유신이 패배한 아들을 포용하는 순간, 상무정신을 바탕으로 수많은 전투에서 죽음을 각오한 이들을 볼 낯이 없게 될 것이다. 더하여 신라군의 기강도 무너질 것이고, 이에 김유신은 아들이 전장에서 퇴각했다 하여 목을 베도록 청한 것이며 문무왕이 일단 용서했음에도 결코 죽을 때까지 아들을 만나주지 않았던 것이다. 이처럼 남다른 국가관과 책임감을 지닌 이들이 국가 지도자였던 신라가 한편으로 부럽게 느껴지는 요즘이다.

문무왕의 사죄

신라는 공세전략에서 수세전략으로 전환하는 동안 당나라 군대의 진출을 막으며 시간을 벌어야 했다. 당장 큰 패배로 많은 장수와 병력이 사라진 만큼 이를 보충할 시간이 필요했던 것이다. 이에 문무왕은 한 나라의 국왕 신분으로 커다란 치욕을 감수한 채 당나라 황제에게 사죄의 편지를 보내기로 한다. 당장의 자존심보다 미래의 승리를 택한 것. 이때 문무왕이 얼마나 처절하게 고개를 숙였는지는 아래 문장을 읽는 순간 절로 느껴질 듯하다. 별 다른 변명 없이 잘못을 뉘우치는 모습으로 가득한 사과문의 정석이라고나 할까?

"신(臣) 아무개는 죽을죄를 짓고 삼가 아룁니다. 옛날에 신이 위급하여 일이 마치 거꾸로 매달린 것처럼 절박하였을 때 멀리서 구원의 은혜를 입어 도륙되는 것을 겨우 면하였습니다. 몸을 가루로 만들고 뼈를 바순다고 하더라도 큰 은혜에 보답하기는 부족하고, 머리를 깨뜨리고 티끌처럼 재를 만든다

고 하더라도 어찌 자애로운 도움을 갚을 수 있겠습니까? (중략)

신의 죄를 꾸짖어 죽어도 오히려 형벌에 남음이 있어서 남산(南山)의 대나무로도 신의 죄를 모두 기록할 수 없고, 포야(褒斜)의 수풀로도 신의 죄를 물을 형틀을 만들기에 부족할 것입니다. 종묘와 사직을 웅덩이와 연못으로 만들고, 신의 몸을 갈기갈기 찢어 죽이더라도 일의 정황을 듣고서 판단을 내려주신다면 달게 여기며 죽임을 받아들이겠습니다. 신은 관을 실은 수레를 옆에 두고서 진흙을 바른 머리가 아직 마르지 않은 채 피눈물을 흘리며 조정의 처분을 기다려 삼가 형벌의 명령을 따르겠습니다.

엎드려 생각하건대 황제 폐하께서는 밝으심이 해와 달과 같아 용서의 빛이 굴곡진 곳까지 밝게 비추고, 덕은 천지와 하나 되어 동물과 식물이 모두 양육의 은혜를 입었습니다. 살리기를 좋아하는 덕은 멀리 곤충에게까지 미치고 죽이기를 싫어하는 어짊은 날짐승과 물고기에까지 흘러내렸습니다. 혹시 복종하면 놓아주는 용서를 내리시고 특별히 허리와 머리를 보전하게 하는 은혜를 내려주신다면, 비록 죽더라도 그때가 오히려 태어난 것과 같을 것입니다. 바라고 원하는 바는 아니었지만, 감히 마음에 품은 바를 말씀드리며 칼에 엎드려 죽을 생각을 이기지 못하겠습니다. 삼가 원천 등을 보내어 표문을 올려 죄의 용서를 빌며 엎드려 칙명에 따르고자 합니다. 아무개는 머리를 조아리고 또 조아리며 죽을죄를 지었고 또 지었습니다."

아울러 은 3만 3500푼(分), 구리 3만 3000푼, 침(針) 400개, 우황(牛黃) 120푼, 금 120푼, 40승포(升布) 6필, 30승포 60필을 바쳤다.

《삼국사기》 신라본기 문무왕 12년(672) 9월

문무왕은 어차피 해야 할 일이라면 일단 자존심을 최대로 버린 채 인간이 문장으로 표현할 수 있는 최대 수준으로 무릎을 꿇기로 한다. 더하여 당나라 황제에게 사죄의 편지와 함께 원천을 사신으로 삼아 사죄사(謝罪使)를 파견했으며, 그동안 잡은 당군 포로를 송환하는 동시에 금, 은, 동, 침, 우황, 천 등의 조공품을 대거 바쳤다. 어느 누가 보아도 잘못을 뉘우치고 있다는 느낌이 확 드는 편지를 받는 순간 당나라 황제 고종의 기분은 과연 어떠했을지 궁금해진다. 아마 예군의 묘지명에 등장하는 참제일단 칭신(僭帝一旦稱臣)이란 표현대로 당나라를 배신하던 신라 왕이 드디어 신하를 칭하며 항복했다며 충분히 만족하지 않았을까?

어쨌든 당 황제가 사죄편지에 만족하여 석문전

투 이후 673년 9월까지 약 1년 동안 당나라군이 신라를 공격하지 않았기에 일단 문무왕이 사죄편지를 파견한 목적은 이루었다. 왕이 자존심을 버리며 귀중한 1년을 번 동안 신라는 수세전략으로 완벽하게 전환하는 데 성공했으니까. 만일 문무왕이 자존심을 지킨다며 사죄사를 보내지 않고 계속 대결 정책을 펼쳤다면 석문전투 승리로 기세를 잡은 당나라 군대의 계속된 공격으로 엄청난 피해를 피할 수 없었을 것이다. 국왕이라는 개인의 자존심을 죽이고 대신 새로운 병력 모집과 성을 축조할 시간을 번 그의 결심에 큰 찬사를 보내고 싶다. 자존심을 숙인다는 것이 솔직히 쉬워 보이면서도 무척 어려운 일이니까.

그렇게 신라가 수세전략을 모색하는 중 김유신에게 큰 병이 들자 문무왕이 직접 김유신의 집을 방문하게 된다. 나당전쟁이 한창일 때 문무왕의 정신적 지주였던 김유신이 쓰러진 것이다.

대왕이 친히 병문안하여 위로하였다. 유신이 말하기를, "제가 신하로서 온 힘을 다하여 왕을 받들려고 하였으나, 병이 이와 같이 깊으니, 오늘 이후에 다시는 왕의 얼굴을 뵙지 못할 것 같습니다."라고 하였다. 대왕이 울면서 말하기를, "과인에게 경이 있는 것은 물고기에게 물이 있는 것과 같다. 만약 피할 수 없는 일(김유신의 죽음)이 생긴다면, 백성들은 어떻게 하고, 우리나라는 어떻게 하는가?"라고 하였다.

유신은 대답하여 다음과 같이 말하였다. "신은 어리석고 못났으니, 어찌 국가를 이롭게 할 수 있었겠습니까? 다행히도 훌륭한 왕께서 저를 등용하시면서 의심하지 않으셨고, 일을 맡기시면서 다른 생각을 하지 않으셨습니다. 그런 까닭에 왕의 현명함에 의지하고 따라서 작은 공을 세울 수 있었습니다. 삼한(三韓)이 한 집안을 이루고, 백성들은 두 마음을 가지지 않게 되었으니, 비록 천하가 태평함에 이르지는 못하지만, 또한 조금 안정되었다고 할 수 있겠습니다. 신이 예로부터 왕위를 이은 군주를 보건대 처음에 잘하지 못하는 사람은 없지만, 끝까지 잘하는 사람은 드물어서, 여러 대에 걸쳐 쌓은 공적이 하루아침에 무너져 없어지니, 아주 애통한 일입니다. 엎드려 바라건대 전하께서는 공을 이룸이 쉽지 않음을 아시고, 그것을 지키는 것 역시 어려움을 유념하셔서, 소인(小人)을 멀리하시고 군자(君子)를 가까이하셔서, 위로는 조정이 화목하고 아래로는 백성과 만물이 편안하며 화란이 일어나지 않고 나라가 끝없이 이어지게 하신다면, 신은 죽어도 또한 여한이 없겠습니다."

왕이 울면서 그 말을 받아들였다.

《삼국사기》 열전 김유신

집안으로 볼 때는 문무왕의 외삼촌이자 나라로 볼 때는 7세기 삼국통일시대를 대표하던 장수 김유신. 그는 죽어가면서도 나라와 문무왕에 대한 걱정으로 가득했다. 이에 문무왕에게 여러 대가 고생한 끝에 삼한, 즉 신라, 고구려, 백제가 한집안이 되었으니 이 업적을 반드시 지켜내라는 유언을 남긴다. 문무왕은 눈물을 흘리며 김유신의 유언을 받아들였다. 얼마 뒤인 673년 7월 1일에 김유신이 79세의 나이로 세상을 뜨자 문무왕은 국가가 지원하여 그의 장례를 성대하게 치르도록 했다. 그렇게 김유신의 뜨거운 의지는 문무왕이 이어가게 된다.

7. 매소성과 연천 대전리산성

문무왕의 두 번째 사죄

자~ 슬슬 칠중성 구경을 끝내고 가능한 빠른 걸음으로 산 아래로 내려가야겠다. 곧 버스가 올 시간이라서 말이지. 스마트폰 실시간 정보 덕분에 연천군 전곡역까지 가는 버스시간을 딱 맞출 수 있어 다행. 적성향교를 지나 버스정류장에 도착. 스마트폰에 따르면 5분 뒤 버스가 올 예정이다. 오케이. 굿.

아~ 맞다. 적성향교는 중성산 칠중성 아래에 위치한 향교로 6.25 때 소실된 것을 1970년대 들어와 복원하였다고 한다. 참고로 향교란 고려와 조선시대에 유학을 교육하기 위하여 지방에 설립한 관학교육기관이다. 지금으로 치면 지방에 위치한 국립대학교와 유사한 성격이다. 이번 여행 목적과 큰 관련이 없으니, 적성향교에 대한 설명은 이 정도로 가볍게 넘어가기로 하자. 마침 저기 버스가 오네.

비어 있는 의자에 앉았다. 버스를 타고 전곡역에 도착하면 그곳에서 택시를 타고 오늘 여행의 마지막 코스인 연천 대전리산성을 가보려 한다. 전곡역까지는 대략 25~30분 정도 걸릴 예정. 그럼 이동하

파주 적성향교. 지금으로 치면 지방 국립대학과 유사한 성격을 지닌
교육시설이다. ⓒHwang yoon

는 동안 나당전쟁 이야기를 계속 이어가볼까?

왕(문무왕)이 고구려의 배반한 무리를 받아들이고 백제의 옛 땅을 차지하여 사람을 시켜 지키게 하자, 당나라 고종이 크게 화를 내며 왕의 관작을 삭탈하였다. 이때 왕의 동생인 우효위원외대장군(右驍衛員外大將軍) 임해군공(臨海郡公) 김인문이 당나라의 수도에 있었는데, 그를 신라 왕으로 세우고 귀국하도록 하였다. 좌서자동중서문하삼품(左庶子同中書門下三品) 유인궤를 계림도대총관(雞林道大摠管)으로 삼고, 위위경(衛尉卿) 이필과 우령군대장군(右領軍大將軍) 이근행을 보좌하게 하여 군사를 일으켜 치게 하였다.

《삼국사기》 신라본기 문무왕 14년(674) 1월

문무왕은 사죄의 편지를 올린 뒤에도 고구려의 남은 세력을 신라로 흡수하고 나당전쟁 때 확보한 웅진도독부 영역에 신라 관리를 보내는 등 고구려와 백제를 신라 것으로 만드는 작업을 여전히 이어갔다. 해당 소식을 들은 당나라 황제 고종은 당연하게도 문무왕이 자신을 속였다고 여길 수밖에. 처절한 사죄문을 통해 석문전투 이후 신라가 항복한 줄 알았으나 실은 그게 아니었으니까. 그런 만큼 이번에는 엄청난 강경책을 들고 나왔으니, 그동안 당나라가 문무왕에게 준 관작을 몽땅 삭탈해버리고 대신 외교를 위해 당나라에 머물고 있던 김인문을 신라 왕으로 삼아 당나라 병력과 함께 신라로 가도록 한 것이 아닌가? 한마디로 왕을 교체하겠다는 심보.

김인문을 신라 왕으로 삼아 귀국시켜 형을 대신하게 하고, 계림주대도독(鷄林州大都督) 개부의동삼사(開府儀同三司)에 봉하였다. 인문이 간곡히 사양하였으나 들어주지 아니하여, 마침내 귀국의 길에 올랐다. 마침 신라 왕이 사절을 보내 공물을 바치고 또한 사죄하니, 황제가 그를 용서하고 왕의 관작을 회복시켰다. 인문도 중도에서 당나라로 돌아갔고 또한 전의 관직을 다시 맡았다.

《삼국사기》 열전 김인문

형인 문무왕을 대신하여 신라 왕으로 삼으려 하자 김인문은 극구 사양하였으나 당 황제의 태도는 무척 완고하였다. 당나라와의 외교파탄을 막기 위해 어쩔 수 없이 김인문은 당나라 병력과 함께 신라로 귀국하게 되었으니, 이로써 김인문은 오랜 당나라와의 외교활동 끝에 정치적으로 문무왕과 대척점에 선 인물이 되고 말았다. 마치 백제부흥운동을 이끌던 부여풍을 대신하여 당나라가 자신들의 포로였던 부여융을 내세운 것과 유사한 모습. 가혹한 형제의 운명이랄까?

결국 김인문은 이 사건으로 인해 신라 왕과 대립한 인물이 되면서 살아 있는 동안 경주로 다시는 돌아오지 못했으며, 694년 66세의 나이로 당나라에서 죽은 뒤에야 시신이 되어 경주로 돌아올 수 있었다. 물론 상황이 이 지경이 되었어도 신라인들은 김인문을 무척 존경했는데, 형인 문무왕과 대립한 상황마저 그가 원하여 그런 것이 아님을 잘 알고 있었기 때문이다. 더 나아가 신라와 당나라 간 전쟁을 벌이는 최악의 순간에도 김인문으로 인해 양국 간 외교가 완전히 단절되지 않았기에 시간이 흘러 신라와 당나라가 다시금 화해할 수 있는 계기가 마련될 수 있었다. 그런 만큼 김인문의 시신이 경주로 돌아오자 문무왕의 손자였던 효소왕은 김인문에게 태대각간이라는 관직을 주었으니, 이는 살아서 김인문이 받은 대각간보다 1단계 더 높은 명예직이라 하겠다. 이렇듯 그는 삼국통일 시기 외교관으로서 최대치의 능력을 보여주었다.

왕이 서형산(西兄山, 경주 서악동) 아래에서 군사를 크게 사열하였다.

통일신라 인장. 국립중앙박물관.

《삼국사기》 신라본기 문무왕 14년(674) 8월

영묘사(靈廟寺, 경주 사정동) 앞길에서 군사를
사열하고, 아찬(阿湌) 설수진의 육진병법을 보았다.

《삼국사기》 신라본기 문무왕 14년(674) 9월

구리로 각 관청 및 주군(州郡)의 인장(印章)을 만
들어 내려주었다.

《삼국사기》 신라본기 문무왕 15년(675) 1월

당나라의 공격이 다가오자 문무왕은 경주에서
연달아 직접 군사를 사열하면서 내부 단속에 나섰
다. 다음으로 관청과 주군(州郡)에 인장을 새로이
만들어 나누어주었는데, 여기서 인장이란 도장의
일종으로 관리가 공문서에 찍어 사용하였다. 즉 여
러 관청과 지방 행정기관에 인장을 수여함으로써
각 기관장들의 책임의식과 사기를 고무시키고 더
나아가 국왕의 권한을 공식적으로 위임하여 전시
때 각 기관장들의 자율과 효율적인 대처를 보장한
것이다. 한마디로 전장의 급박한 상황에서 일일이
왕에게 보고할 것 없이 각자 책임을 지고 빠르게 행
동을 하라는 의미. 큰 전쟁을 앞둔 철저한 준비태세
라 하겠다.

유인궤가 칠중성에서 우리 군사를 깨뜨렸다. 인
궤는 병사를 이끌고 돌아가고, 조서(詔書)로 이근행
을 안동진무대사(安東鎭撫大使)로 삼아 다스리도록
하였다. 왕이 사신을 보내 특산물을 바치고 사죄하
자, 황제는 용서하고 왕의 관작을 회복시켰다. 김인

문은 도중에 당으로 되돌아갔는데, 그를 임해군공(臨海郡公)으로 고쳐서 봉하였다. 그러나 신라는 백제 땅을 대부분 차지하고 마침내 고구려 남쪽 경역까지 주(州)와 군(郡)으로 삼았다. 당나라 군사가 거란과 말갈 군사와 함께 쳐들어온다는 말을 듣고 아홉 부대의 군사를 내보내 막게 하였다.

《삼국사기》 신라본기 문무왕 15년(675) 2월

다만 반격을 위한 시간이 더 필요했었는지 당나라가 칠중성을 무너뜨리자 문무왕은 다시금 황제에게 선물을 바치며 사죄를 하였다. 사실 자존심 상하게 만드는 사죄도 한 번이 어렵지 한 번 한 이상 두 번이야 뭐. 하하. 그러자 당 고종은 병력을 퇴각시키고 삭탈한 문무왕의 관작을 복구시킨 후 당나라로 돌아온 김인문을 신라 왕에서 원래 자리였던 임해군공으로 돌려놓았다. 김인문은 공(公)에서→ 왕(王)으로 승격되었다가→ 다시 한 단계 아래의 공(公)이 된 셈.

이를 미루어 볼 때 신라 왕을 교체하겠다며 겉으로는 엄청난 강경책을 선보이던 것과 달리 임진강 주변을 압박하여 신라 왕이 굴복하면 전선을 더 이상 확장하지 않는 것이 당나라의 숨은 계획이었나 보다. 강한 듯 소극적인 모습이 무언가 신라에게 조급하게 항복을 강요하는 것처럼 느껴진다.

그렇게 두 번의 사죄를 통해 충분한 시간을 번 문무왕은 이윽고 아홉 부대, 즉 그동안 착실히 준비해둔 신라 대군을 북방으로 총집결시켜 당나라와의 최종전에 임하도록 하였다. 마침내 나당전쟁의 정점이라 할 수 있는 매소성 전투가 벌어진 것이니, 지금 이동하고 있는 연천 대전리산성이 다름 아닌 매소성이라는 사실.

당나라의 두 개 전선

전곡역에 도착하여 오늘도 편의점에서 빠다코코 낫과 토마토주스를 샀다. 시간이 애매한 만큼 대전리산성까지 마저 구경하고 나서 저녁을 먹어야 할 듯. 오호~ 역시 빠다코코낫은 맛있어. 내가 가장 좋아하는 과자 1위답네. 2위는 새우깡, 3위는 꼬깔콘, 4위는 롯데샌드 순. 평상시에는 과자에 손도 안 대는데, 여행 다닐 때마다 저 네 개 중 하나를 골라 사먹곤 한다. 여행 중 부족해진 에너지를 충전하는 데 큰 도움을 주는 듯하여.

응? 과자를 먹으며 휴대폰을 보니, 운 좋게도 버스를 탈 수 있겠다. 전곡시외버스터미널에서 출발한 버스가 곧 전곡역에 도착할 듯. 그럼 택시말고 버스를 타볼까? 남은 과자를 과감하게 입으로 털어넣어 과자봉지를 깔끔하게 비운다. 저기 버스가 온다. 이제 탑승~

지금까지 나당전쟁 동안 문무왕이 두 번이나 당나라 황제에게 사죄한 부분을 따라가보았다. 이 중 672년 사죄는 석문전투에서 신라가 큰 패배를 당한

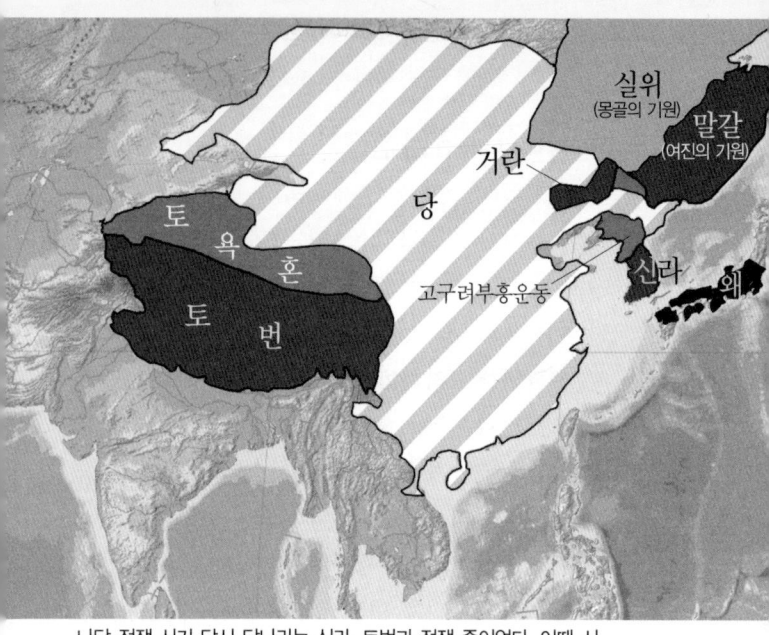

나당 전쟁 시기 당시 당나라는 신라, 토번과 전쟁 중이었다. 이때 서쪽 토번의 안정은 실크로드 관리, 동쪽 한반도의 안정은 북방 유목민 관리와 연결되어 당나라의 관심이 무척 컸다.

직후 벌어진 일이며, 675년 사죄는 칠중성이 무너진 직후 벌어진 일이었다. 전쟁 흐름이 당나라에게 유리할 때마다 신라는 그 흐름을 딱 꺾듯 화전양면전술(和戰兩面戰術)을 펼쳤던 것이다. 마치 농구경기 때 상대편 흐름을 꺾고자 작전타임이나 고의로 파울작전을 펼치는 것과 유사하다. 그러나 한편으로 큰 의문인 점이 당나라는 왜 매번 유리한 국면에서 문무왕의 사죄를 받아준 것일까?

사실 이 당시 당나라는 동쪽으로는 한반도 전선,

서쪽으로는 토번 전선, 이렇게 두 개의 전선을 동시에 진행하고 있었다. 이 중 토번은 6~7세기 들어와 크게 성장한 지금의 티베트에 존재했던 왕조다. 그러던 중 고구려, 백제를 멸망시키기 위해 당나라가 한반도로 병력을 집중하는 바람에 서쪽에 대한 통제와 감시가 약화되는 등 토번 입장에서 매우 좋은 기회를 맞이하였다. 이에 토번은 백제와 고구려 멸망 중간 시점인 663년에 당나라의 동맹국이었던 토욕혼을 지속적으로 압박하여 이들의 수도를 함락하였으며, 더 나아가 나당전쟁이 한창인 672년에는 토욕혼의 모든 땅을 장악할 수 있었다. 토욕혼이라는 완충지대가 사라지고 토번과 당나라가 국경을 마주하는 위험한 상황이 만들어진 것.

참고로 토욕혼은 실크로드의 주요 통로에 위치한 상업 중심의 나라로 당나라와 서역과의 무역에 있어 매우 중요한 지점이었다. 이에 당나라에서는 635년 토욕혼을 공격하여 왕을 사로잡고 당나라 수도인 장안에 있던 토욕혼의 왕자를 새로운 왕으로 삼아 사실상 보호국처럼 만들었다. 그러나 괴뢰정부의 허수아비에 불과했던 새로운 토욕혼 왕에 대한 내부 반발로 왕이 살해되는 등 당나라 의도와 달리 분란이 계속 이어졌다. 이거 왠지 한반도에서 당나라가 보인 행동과 유사하다.

그런 만큼 한때 소정방이 토욕혼을 군사적으로 보호하는 임무를 맡아 토번을 상대로 승리를 거두기도 했으나, 그가 660년은 백제, 661년에는 고구려 원정에 나서자 이후 당나라의 토욕혼에 대한 군사적 지원은 사실상 멈추고 말았다. 오죽하면 힘이 약해진 토욕혼이 토번의 압박에 연달아 당나라에게 구원을 요청했지만 이를 무시했을 정도. 이 과정에서 기존에 토욕혼이 관리하던 주변의 여러 종족들마저 토번으로 점차 복속하면서 토번의 힘은 더욱 강대해졌다. 우리의 경우 주한미군, 주일미군이 사라진 동북아시아 또는 마찬가지로 미군이 빠져나간 후의 유럽 나토 분위기를 상상해보면 이해하기 쉬울 듯.

이러한 분위기에서 670년 3월 신라가 압록강을 건너 당나라를 공격하며 나당전쟁의 포문을 열자 670년 4월에는 토번이 당나라의 군사 요충지인 안서사진(安西四鎭)을 공격하여 함락하였다. 서역을 관리하기 위해 세운 안서사진이 무너지며 서부전선이 더욱 위험해진 만큼 당나라는 668년 고구려 멸망 때에 활약한 설인귀를 포함한 병력을 대거 서쪽으로 파견할 수밖에. 반면 신라는 당나라가 한참 서쪽에 집중하는 시점인 670년 7월에 웅진도독부를 과감히 밀어붙여 성공적으로 백제 영역을 신라 것으로 확보할 수 있었다.

한편 설인귀가 이끌던 당나라 10만 대군은 670년 8월 토번에게 큰 패배를 당했는데, 이를 대비천(大非川) 전투라 부른다. 어쩔 수 없이 당나라는 잠시 시간을 벌고자 토번과 평화협정을 맺었으며, 이후 676년까지 토번과 당나라는 국경을 두고 긴장감을 유지하였다. 토번과의 전쟁을 잠시 멈추자 이번에는 설인귀를 신라로 파견하는 등 당나라는 한반도 전쟁에 집중했는데, 그 결과 672년 석문전투에서 승리하고 675년에는 칠중성을 공략하기도 했다.

하지만 676년 초반 들어와 토번이 다시금 당나라에 대한 대대적인 공격을 시도하면서 신라 전선에만 집중할 수 없는 급박한 상황이 조성된 것이다. 그러더니 당나라는 675년 9월에 매소성, 676년 11월에는 기벌포에서 신라에게 패하고 말았고, 얼마 뒤인 678년에는 토번과의 전쟁에서도 크게 패하면서 최종적으로 두 전선 모두 관리하는 데 실패하고 만다.

여기까지 살펴보았듯 당나라는 신라와 토번을 동시에 상대하고 있었기에 한쪽에 집중하면 그동안 다른 한쪽이 힘을 길러 반격하는 상황이 반복되었다. 당나라의 실력 있는 장군들조차 양쪽 전선을 쉴 틈도 없이 왔다갔다할 정도로 힘겨운 상황의 반복이었다. 이처럼 신라와 토번은 당시 기준으로 상당히 먼 거리에 위치한 국가였음에도 불구하고 둘다 약속한 듯 중국의 상황을 면밀히 파악하며 치고 빠지는 전략을 사용한 것. 실제로는 사신교류 등이 전혀 없던 관계였으나 마치 동맹처럼 유기적으로 당나라를 괴롭혔다고나 할까?

그 결과 당나라는 신라를 압박하면서도 중간중간 토번의 공격이 걱정되었기에 문무왕이 적당히 항복의사를 보이면 한반도 전선을 마무리한 채 서부전선에 집중하고자 했다. 유리한 국면임에도 불구하고 문무왕의 사죄를 받으면 병력을 철수하곤 했던 이유가 바로 이 때문. 당연하게도 문무왕과 신라의 수뇌부들은 당나라가 운영 중이던 두 개 전선의 한계점을 분명히 인식하고 있었기에 중요한 순간마다 사죄사를 보내 시간을 벌며 반격의 기회를 노렸다. 국제정세를 냉정하게 분석하여 판단하는 신라의 힘이 빛을 본 순간. 이러한 판단에는 당나라에 파견된 승려, 사신, 유학생 등 수많은 신라인들의 정보가 큰 도움을 주었을 것이다.

나당전쟁 때 보여준 신라의 냉정한 판단을 통해 한 국가의 국제정세를 판단하는 힘이 얼마나 중요한지 알 수 있다. 더하여 아무리 강대국이라 할지라도 두 개의 전선을 유지한다는 것이 결코 쉽지 않음을 알 수 있다. 근래의 유명한 예시로는 세계 1~2차 대전 때 그 강력했던 독일이 서부, 동부전선으로 2개 전선을 수행하다 결국 패한 것, 제2차 세계대전에서 일본이 중일전쟁과 미일전쟁으로 동서 2개 전선을 수행하다 패한 것 등이 유명함.

마찬가지로 현재의 세계 최강국인 미국마저 가능한 2개 전선을 피하는 이유가 2개 전선을 유지하는 동안 발생하는 외교, 인력, 재정적 부담이 1개 전선과는 도저히 비교하기 힘들 정도로 크기 때문이다. 바로 이 틈을 과감히 비집고 들어가 신라가 강대국을 상대로 승리를 쟁취한 것이니, 현재의 대한민국도 강대국과의 외교에 있어 배워야 할 부분이 아닐까 싶다.

연천 대전리산성

버스를 타고 30분 정도 달려 대전리 산성 근처에 위치한 정류장에서 내렸다. 슬슬 산을 걸어 오른다. 이곳은 138m의 성재산 정상부에 테뫼식이라 하여 띠 두르듯 둘레 674m로 성을 축조하였으며, 발굴조사 결과 신라 토기가 대거 출토되어 6세기 중반~7세기 초에 축성된 신라 산성으로 확인되었다. 이로써 지금까지 여행한 신라 산성을 대략 비교해보면 다음과 같다.

당성 = 158m의 구봉산 정상부에다 610m 둘레
칠중성 = 147m의 중성산 정상부에다 603m 둘레
대전리산성 = 138m의 성재산 정상부에다 674m 둘레

당시 신라 산성의 경우 어디에 위치하든 유사한 형태를 띄는 것이 무척 흥미롭다. 걸어서 이동하기에 적당히 높으며 주변 뷰가 펼쳐 보이는 장소를 골라 산 정상부를 포함하여 둘레 600m 규모로 성을

한강과 임진강에 위치한 신라 산성. 촘촘하게 산성을 쌓아 적의 공격을 방어하도록 하였다. 지도 가장 남쪽에 위치한 주장성은 지금의 남한산성이다.

쌓은 형태가 바로 그것.

이와 동일한 포맷의 산성을 신라는 임진강, 한강을 따라 거미줄처럼 촘촘하게 배치하였는데, 이들 산성은 신라를 공격하는 입장에서 무척 골치 아픈 존재였다. 서로 유기적으로 연결되어 있어 단순히 성 하나, 두 개를 돌파하는 것으로는 답이 안 나왔을 테니까. 오죽하면 고구려, 더 나아가 세계 최강을 자랑하던 당나라마저 임진강과 한강에 위치한 신라 방어선을 결국 뚫지 못했을 정도.

연천 대전리산성 안내판. 현재 성곽은 흔적만 남아 있다.

　다만 대전리산성 역시 칠중성처럼 꽤 오랜 세월
이 지난 데다 복원이 되지 않아 성곽의 흔적은 무너
진 돌이나 일부 쌓여 있는 돌 등을 통해 확인이 가
능할 뿐이다. 정상부에 오르자 한탄강과 함께 전곡
역 주변의 도시가 펼쳐진다. 오~ 멋지네. 참고로 한
탄강은 임진강의 지류로 북한 평강군에서 시작하여
철원군, 연천군을 지나 임진강으로 합류하는 136km
길이의 강이다. 삼국시대에는 고구려와 신라의 경
계선이었으며, 지금도 북한과 연결되는 강이기도
하다. 그런 만큼 과거에는 강을 건너는 고구려군을
방어하고자 한탄강 남쪽에 대전리산성이 만들어졌
으며, 나당전쟁 시기에도 전략적으로 중요한 장소

연천 대전리산성에서 바라본 한탄강 일대. ©Hwang yoon

로 활용되었다.

　아~ 그렇지. 마침 고구려 성도 이 주변에 있는데, 연천군보건의료원 옆에 위치한 은대리성이 바로 그 주인공. 이곳 대전리산성에서 직선거리로는 2㎞, 강을 따라 쭉 이동하면 4.2㎞ 떨어진 장소로 한탄강 북쪽에 위치하고 있다. 특히 은대리성은 전체적으로 호로고루 성과 유사한 구조라 무척 흥미로운데, 강가 북쪽으로 여울목 근처의 절벽 위 삼각형 대지에 쌓은 형태부터 그러하다. 뿐만 아니라 강과 붙어 있는 절벽을 성벽으로 삼아 목책을 쌓았고, 평지로 연결되는 장소에는 성벽을 높게 쌓아 방어선을 구축한 점은 사실상 호로고루 성과 형제라 볼 수 있

전망대　차탄천　북벽

남벽　동벽

한탄강

연천 은대리성 안내판. 호로고루 성과 유사한 구조다.

지. 아쉽지만 오늘 방문은 시간상 패스하겠다.

　이처럼 호로고루 성과 대치하여 칠중성이 위치
한 것처럼 은대리성과 대치하여 대전리산성이 위치
했던 것. 바로 이 주변에서 신라와 당나라 병력이
격돌하는 매소성 전투가 벌어졌으니, 지금부터 드
디어 나당전쟁의 정점이라 할 수 있는 매소성 전투
이야기를 해보자.

매소성 전투

이근행이 군사 20만 명을 이끌고 매소성에 머물렀다. 우리 군사가 공격하여 달아나게 하고 전마(戰馬) 3만 380필을 얻었는데, 남겨놓은 병장기도 그 정도 되었다.

《삼국사기》 신라본기 문무왕 15년(675) 9월 29일

675년 임진강을 건너 매소성에 지휘부를 설치한 이근행은 말갈 출신 당나라 장수로 668년 고구려 멸망 전쟁을 비롯하여 토번 및 신라와의 전쟁 등에도 참여한 인물이다. 이 과정에서 고구려, 토번, 고구려부흥운동과의 전투마다 혁혁한 공을 세웠는데, 신라도 그를 상대로 석문전투에서 큰 패배를 경험했을 정도. 비록 소정방, 이적 정도의 레벨은 아니었으나 설인귀와 더불어 신라가 압박을 느꼈던 대단한 실력자임은 분명했다.

한편 기록에 따르면 이근행이 20만 대군을 이끌고 있었다고 하나, 이 부분에 대해 학계에서는 20만은 나당전쟁 7년 동안 한반도에 투입된 당나라군

전체 규모를 의미할 뿐 이 시점 매소성과 그 주위에 배치된 당나라군의 규모는 이보다 작게 추정하고 있다. 다만 매소성 전투를 통해 말 3만 380필을 신라군이 노획한 것으로 미루어 보아 병력 규모가 최소 5만 이상에서 최대 10만 사이인 것은 분명해 보인다. 고대에는 전쟁 시 보통 말 숫자 곱하기 2~3배의 병력이 투입되었으니까.

그렇다면 이들과 격돌한 신라 역시 정확한 수치가 기록되어 있지 않으나, 최소 5만에서 최대 10만에 육박한 병력이었을 것이다. 기존의 신라 병력 + 신라로 포섭된 고구려 유민 + 백제 유민의 병력이 합쳐진 숫자. 당시 신라는 황해도 지역의 고구려부흥세력을 적극적으로 받아들인 데다, 672년에는 백제 유민을 바탕으로 백금서당(白衿誓幢)이라는 부대를 창설하여 나당전쟁에 투입하고 있었다. 어쩌다 보니 당나라를 상대로 하여 신라 + 고구려 + 백제가 결합된 모습이랄까?

게다가 매소성 전투를 포함하여 《삼국사기》에는 675년 9월에 벌어진 전투가 여럿 기록되어 있는데, 이 중 이근행이 매소성에서 퇴각한 시점은 9월 29일로 9월의 거의 마지막 날이었다는 점을 주목하자. 이를 미루어 볼 때 675년 9월 들어와 신라와 당나라 간 대격돌이 벌어지다 최종적으로 9월 말에 매소성에서 당나라군의 퇴각이 이루어진 것으로 볼 수 있겠다.

> 설인귀가 숙위학생(宿衛學生) 풍훈의 아버지 김진주가 본국(本國)에서 목 베여 죽임을 당하였으므로, 풍훈을 길을 이끄는 사람으로 삼아 천성(泉城, 파주 오두산성)을 공격해왔다. 우리 장군인 문훈 등이 맞서 싸워 이겼는데, 1400명을 목 베고 병선(兵船) 40척을 빼앗았다. 설인귀가 포위를 풀고 달아나자 전마(戰馬) 1000필을 얻었다.
>
> 《삼국사기》 신라본기 문무왕 15년(675) 9월

당시 당나라는 임진강을 건넌 육군과 함께 수군이 이를 적극 지원하는 수륙동시작전을 펼쳤다. 수군을 이끈 인물은 다름 아닌 설인귀로서 신라 유학생인 김풍훈을 길 안내자로 삼아 임진강 하류에 위치한 파주 오두산성을 공격하였다. 김풍훈의 역할은 660년 백제 멸망 전쟁 때 김인문이 당나라 수군의 길 안내를 맡은 것, 또는 668년 고구려 멸망 때 연남생이 당나라 병력의 길 안내를 맞은 것과 동일.

참고로 당나라 수군의 길 안내를 맡은 김풍훈은 진골귀족이었던 김진주의 아들이다. 잠시 김진주에 대해 설명을 하자면 선덕여왕 시절 강릉을 통치하는 장관을 거쳐 태종무열왕 시기에는 현재의 국방 부장관 격인 병부령(兵部令)이 되었다. 그리고 660년이 되자 김유신과 함께 백제 공략을 지휘하여 큰 공을 세웠다. 이처럼 군부의 요직 중 요직을 거치던 중요 인물이었던 것. 그러나 문무왕에 의해 662년 죽임을 당했는데, 기록이 상세하지 않아 새로 즉위한 왕과 모종의 일로 대립하다 죽은 것으로 추정될 뿐이다.

덕분에 마침 당나라로 유학을 가 있던 아들 김풍훈은 정상적인 방법으로는 신라로 돌아올 수 없게 되었고, 오히려 당나라 편에 서서 아버지 복수를 위해 신라를 공격하는 일을 선택하고 말았다. 그러나 결과적으로 당나라 수군은 신라군에게 패했으며 이 사건 이후의 김풍훈의 인생은 기록이 남아 있지 않아 알 수 없다. 어쨌든 나라를 배신했지만 아버지 복수라는 원한이 있었기에 개인적으로 이해가 조금 되는 인물이기는 하다.

말갈이 아달성(阿達城, 강원도)에 들어와 위협하고 노략질하자, 성주(城主) 소나가 맞서 싸우다가 죽었다.

《삼국사기》 신라본기 문무왕 15년(675) 9월

말갈이 또한 적목성(赤木城, 강원도 회양군)을 에워싸서 함락시켰다. 현령(縣令, 지방관리) 탈기가 백성을 거느리고 막아 지키다가 힘이 다하여 모두 죽었다.

《삼국사기》 신라본기 문무왕 15년(675) 9월

당나라 군사가 거란과 말갈 군사와 함께 와서 칠중성을 에워쌌지만 이기지 못하였다. 소수(小守, 지방관리) 유동이 죽임을 당하였다.

《삼국사기》 신라본기 문무왕 15년(675) 9월

당나라 군사가 석현성(石峴城, 경기도 양주)을 에워싸서 빼앗았다. 현령(縣令) 선백과 실모 등이 힘을 다해 싸우다가 죽임을 당하였다.

《삼국사기》 신라본기 문무왕 15년(675) 9월

다음으로 당나라군은 매소성에 지휘부를 두고 금강산이 있는 강원도 회양군, 파주, 양주 등 북방 전선을 동시다발로 공격하며 신라를 압박하였다. 이를 위해 말갈과 거란 같은 유목민들도 적극적으로 당나라가 포섭해 신라를 공격하도록 했으며 결과적으로 일부 성을 뺏는 등의 성과도 얻었다.

홍미로운 점은 현재의 미국도 마찬가지지만 강

대국이 주변 여러 종족이나 국가와 동맹을 맺고 함께 상대방을 공격하는 경우가 역사에 은근 많이 등장한다는 점이다. 힘이 약한 세력들이 연합하여 강대국에 대항하는 것 이상으로 많이 보이는 형태라 할까? 이를 미루어 볼 때 다양한 세력과 연합하는 능력 역시 해당 국가가 지닌 중요한 힘 중 하나임을 알 수 있다. 마찬가지로 한때 고구려도 말갈과 함께 신라를 공격했으며, 백제는 일본과 군사적으로 연합하기도 했으니까. 가만 생각해보니, 나당전쟁 시절 신라 역시 고구려 유민이 세운 국가, 즉 보덕국과 함께 당나라에 대항한 만큼 당시 기준으로는 나름 연합군으로 볼 수 있겠구나. 오호라.

하지만 신라군은 설사 패배하더라도 성을 지키는 고위층마저 죽음을 각오하고 싸웠고, 당나라군은 이러한 신라군에 점차 질려가고 있었다. 처절한 전투 끝에 성 몇 개를 얻었지만 아직도 남쪽으로 수없이 배치되어 있는 산성을 생각하면 전쟁의 끝이 안 보였을 테니까. 당시 신라인들에게 당나라와의 전쟁에서 패배는 고구려, 백제처럼 국가의 종말을 의미했기에 죽음을 각오한 전투는 어찌 보면 당연했을지도. 반면 당나라는 오랜 원정 전쟁으로 인해 사기가 떨어진 데다 피로도도 상당한 상황이었다.

우리 군사가 당나라 군사와 크고 작은 18번의 싸움을 벌여 모두 이겼는데, 6047명을 목 베고 전마(戰馬) 200필을 얻었다.

《삼국사기》 신라본기 문무왕 15년(675) 9월

그러던 중 신라군이 여러 지역에서 18번의 크고 작은 전투를 펼쳐 모두 승리하면서 완벽하게 승기를 잡았고 더 이상 버티기 힘들어지자, 이근행은 무려 3만 마리의 말까지 포기한 채 매소성을 버리고 후퇴를 결정하였다. 성을 중심으로 방어에 치중하다 적이 피로해지면 반격에 나서는 신라의 작전이 완벽히 성공한 장면. 그렇게 퇴각한 이근행은 676년 들어와 토번 전쟁에 참가하였으니, 두 개 전선으로 정신없던 당나라의 상황을 알 수 있다.

매소성에서 당나라 군대가 퇴각하며 사실상 나당전쟁의 승리는 신라로 기울었다. 물론 이후로도 몇 차례 신라와 당나라 간 전투가 이어졌으나 점차 소강상태가 유지되더니, 그렇게 7년간의 전쟁이 마무리되고 말았다.

을해(乙亥)년(675)에 이르러 당나라군이 와서 매소천성(買蘇川城, 매소성의 다른 이름)을 공격하니, 원술이 그 소식을 듣고, 싸우다 죽어서 지난번의 치욕을 씻고자 하였다. 드디어 힘껏 싸워서 공을 세워 상을 받았다. 그러나 부모에게 용서받지 못한 것을 분하고 한스럽게 여겨 벼슬길에 나가지 않고 일생을 마쳤다.

《삼국사기》 열전 김유신

마침 매소성 전투에는 김유신의 아들인 김원술도 참전하였으니, 죽음을 각오하고 싸워 석문전투의 패전을 씻는 큰 공을 세웠다. 그럼에도 불구하고 그는 부모에게 용서받지 못한 과거의 행동을 부끄러워했는데, 최종적으로는 신라 3등 관등인 소판(蘇判)까지 승진한 만큼 벼슬길에 나가지 않고 일생을 마쳤다는 내용은 약간 과장이 들어간 표현으로 보인다. 아무래도 더 높은 관직에 오르려는 욕심을 절제하며 살았다는 의미였겠지. 실제로도 아버지 김유신이 신라 1등 관등인 각간을 넘어 백제 멸망 후에는 대각간, 고구려 멸망 후에는 태대각간까지 오른 만큼 이와 비교하면 조금 아쉬운 인생이었으니까. 한편으로는 너무나 위대한 아버지를 둔 자식의 운명이 아닐까 싶다.

군이 비교해보자면 김유신은 26대 진평왕부터 30대 문무왕까지 무려 다섯 왕을 섬기면서 삼국통일과 나당전쟁까지 맹활약하였으니, 지금 기준으로 보면 공이 너무나 커서 5성 장군인 원수로도 모자라 6성 장군인 대원수에 오른 경우와 유사하다. 현재 대한민국의 경우 대원수는커녕 원수에 지정된 인물도 없는 만큼 신라인들에게 김유신이 얼마나 대단한 인물로 인식되었는지 알 수 있다. 더 나아가 나중에는 신하의 신분으로 죽었음에도 왕으로 추봉되었을 정도다. 아들 김원술에게는 이런 아버지가 존경스러우면서도 한편으로는 거대한 벽처럼 다가오지 않았을까?

기벌포 전투

해가 슬슬 지표면 아래로 이동하는 만큼 집으로 가기 위해 산성 아래로 내려갈 시간이다. 터벅터벅 내려가다 보니, 오늘 신라 산성을 구경하면서 조금 아쉬웠던 부분이 떠오른다. 오랜 세월에 성벽이 무너져내려 과거의 영광을 제대로 확인할 수 없다는 점이 바로 그러하다. 그런 만큼 이번 기회에 신라 산성의 예전 모습을 지금도 만날 수 있는 이곳과 가까운 경기도 내 명소를 하나 소개하고자 한다.

경기도 여주시에는 파사성이라는 산성이 있으니, 남한강 주변의 높이 230m의 파사산 정상에다 둘레 936m로 6세기 중엽 만들어진 테뫼식 신라 산성이다. 임진왜란이 한창인 시절에 승군이 무너진 부분을 새로 쌓으면서 성 둘레도 기존에 비해 조금 더 커졌는데, 마침 1999년부터 발굴 조사와 더불어 근래까지 복원, 보수가 꾸준히 이루어지면서 과거 영광의 모습을 어느 정도 잘 보여주고 있다. 아무래도 파사성을 구경하고 나서 오늘 방문한 칠중성과 매소성도 한때 유사한 형태의 성곽이 쌓여 있었다

여주 파사성. 테뫼식 신라 산성으로 남한강 옆에 위치하고 있다.
ⓒI Iwang yoon

고 상상하면 좋을 듯하여. 하하. 남한강 주변이 너
무나 멋지게 펼쳐 보이는 만큼 개인적으로 강력하
게 추천하는 장소다. 요즘 들어 SNS에 멋진 사진 올
리기가 유행하면서 더욱 유명해졌다고 함.

　　사찬(沙湌) 시득이 수군을 거느리고 설인귀와 소

부리주(所夫里州)의 기벌포에서 싸웠는데 연이어
패배하였다. 다시 나아가 크고 작게 22번 싸워 이기
고, 4000여 명을 목 베었다.

《삼국사기》 신라본기 문무왕 16년(676) 11월

그럼 근처 버스정류장에서 곧 도착할 버스를 기
다리며 나당전쟁의 마지막 전투 모습을 살펴보기로
할까? 사실 이전에 신라 수군을 이야기하며 언급했
던 내용이지만 나당전쟁의 최후 전투가 바로 기벌
포 전투였던 만큼 다시 언급할 가치가 충분한 기록
이니까.

매소성 전투에서 패배한 당나라는 더 이상 한반
도 전선에 힘을 투영할 여력이 없었다. 신라에게 패
한 직후 이번에는 토번이 당나라에게 도전장을 내
미는 상황이었으니까. 어쩔 수 없이 신라의 압박으
로 더 이상의 유지가 힘들어진 웅진도독부의 잔존
세력을 본국의 지원을 통해 당나라로 이송하는 작
전을 펼치게 된다. 그러나 신라 수군은 이들을 그냥
보내줄 생각이 없었다. 마치 임진왜란의 마지막이
노량해전으로 마무리된 것처럼. 아~ 맞다. 간략히
설명하자면 노량해전 역시 도요토미 히데요시 죽음
후 한반도에서 일본으로 철수하려던 잔존 일본군을
이순신과 조선 수군이 막으면서 벌어진 전투였다.

퇴각하는 적을 마지막까지 쫓아 큰 피해를 주어 두 번 다시 이 땅에 들어오지 못하도록 만드는 중요한 일이라 하겠다.

전쟁은 다음과 같이 진행되었다. 신라가 옛 백제 도성 사비에 세운 행정구역인 소부리주(所夫里州), 즉 지금의 부여군에 당나라로 퇴각하려는 당나라군이 집결하였다. 금강 하류에 위치한 기벌포가 바로 그곳. 그러자 신라군이 이들을 공격했는데, 처음에는 철수 의지가 강한 당나라군을 상대로 신라가 패배하는 등 고전하더니, 이후 22번의 크고 작은 전투 끝에 4,000여 명의 군사를 죽이며 승리하였다.

기록을 통해 신라가 벌떼처럼 무척 끈질기고 집요하게 공격했음을 알 수 있다. 무려 22차례나 이어진 전투였으니까. 반면 당나라군은 상당수의 병력과 백제 유민들을 당나라로 이송하는 작전이었던 만큼 최대한 방어적으로 나설 수밖에 없었다. 그렇게 웅진도독부의 당나라군이 집요한 신라의 공격을 받으며 겨우겨우 탈출하면서 백제 영역에 대한 당나라의 영향력은 완전히 사라졌다. 이로써 나당전쟁은 북방전선에 이어 서방전선까지 최종 마무리되면서 7년 간 이어진 전쟁은 마무리된다. 물론 당나라는 수년 전 문무왕이 당나라 황제에게 사죄한 장면을 크게 부각하면서 어차피 이때 신라의 항복을 받아주었다는 핑계로 자신들이 전쟁에서 승리했다고 주장했지만.

여기까지 살펴보았듯 매소성 전투에 이은 기벌포 전투로 당나라의 한반도 전체를 장악하려는 야욕은 무너지고 말았다. 뿐만 아니라 신라는 백제, 고구려에 이어 당나라와의 전쟁에서도 승리하면서 한반도 영역을 장악한 유일한 국가로 자리 잡게 된다. 한마디로 고구려가 멸망한 668년이 아닌 나당전쟁이 마무리된 676년이 진정한 삼국통일이 시작된 시점이라 볼 수 있겠다. 저기 버스가 오는구나. 이제 전곡역 근처에서 저녁을 먹은 후 집으로 돌아가야겠네. 오늘 여행이 꽤나 고되었다. 하하.

8. 남한산성

나당전쟁과 남한산성

오랜만에 남한산성을 방문했다. 오늘의 목표는 2024년 10월 새롭게 개장한 남한산성 역사문화관이다. 마침 2023년에 남한산성을 주제로 한《일상이 고고학, 나 혼자 남한산성 여행》이라는 책을 썼는데, 이때만 하더라도 역사문화관은 한창 공사 중이었다. 어느덧 건물이 완공되었다고 하니 하루하루 나이를 먹는 속도만큼 세월의 흐름이 빠름을 느낀다. 아~ 맞다. 엄청난 숫자의 승객으로 가득한 버스에서 내려 역사문화관으로 이동하면서 왜 나당전쟁이 주제임에도 남한산성에 들렀는지 설명을 해야겠구나. 등산을 목적으로 남한산성에 오는 사람이 너무나 많은 듯. 여기저기 등산복을 입은 사람들로 가득하다.

한편 2006년 들어와 남한산성 행궁 터를 발굴, 조사하던 중 오랜 기간 지표면 아래 숨어 있던 놀라운 유적이 발굴되었다. 다름 아닌 길이 53.5m 폭 17.5m, 면적 936㎡의 거대한 통일신라시대 건물터가 등장한 것. 참고로 경복궁 근정전이 길이 30m,

폭 21m, 면적 630㎡이니, 대략 근정전 면적의 약 1.5배에 해당하는 엄청난 규모라 하겠다.

이에 더하여 길이 64㎝, 두께 6㎝, 무게 20㎏이나 되는 통일신라 기와가 대거 발견되었으니, 이는 동시대 중국에서도 보기 힘들 정도로 커다란 크기의 기와다. 조선시대 기와가 보통 길이 30~40㎝, 두께 2㎝, 무게 4~5㎏인 점을 감안하면 단순히 무게만 따져도 5배 정도 차이가 나는구나.

이후 상당한 무게의 기와를 버텨낸 신라 건축물에 대한 학자들의 열띤 토론이 있었는데, 조사결과 건물 4면의 벽체를 판축기법으로 2m 두께로 쌓아 엄청난 무게의 지붕을 버티는 구조였다고 한다. 참고로 판축기법이란 나무판으로 틀을 만든 후 그 안에 흙이나 모래, 나뭇잎 등을 겹겹이 부어 여러 번 누르고 다져 견고하게 쌓아 올리는 건축법을 의미하며, 대표적인 예시로는 백제의 풍납토성이 유명하다. 삼국시대에는 성벽이나 궁궐 담, 더 나아가 왕릉의 봉분까지 판축기법으로 만들었다. 그만큼 완성된 결과물이 꽤나 견고했다는 의미.

한산주(漢山州)에 주장성(晝長城)을 쌓았는데 둘레가 4360보였다.

《삼국사기》 신라본기 문무왕 12년(672) 8월

판축기법을 잘 보여주고 있다. 한성백제박물관. ©Park Jongmoo

한편《삼국사기》에 따르면 한산주, 즉 현재의 경기도 권역에 나당전쟁이 한창이던 672년 들어와 주장성이 만들어졌으며, 그 둘레가 4360보, 약 8㎞라 기록하고 있다. 한데 놀랍게도 남한산성의 둘레가 대략 7.5㎞로서 그 크기가 거의 일치한다는 사실. 더하여 남한산성 행궁터에서 거대한 신라 건물터가 발견된 데다 유적에 대한 탄소연대측정 역시 7세기 정도로 나오면서 학자들은 주장성이 다름 아닌 남한산성이었음을 확신하게 된다. 남한산성의 기원이 문헌기록뿐만 아니라 고고학적 조사에서도 확정되는 순간이라 하겠다.

둘레 7.5㎞라니, 지금까지 만나본 신라 산성과 비교하여 월등하게 큰 규모다. 참고로 신라 산성의 경

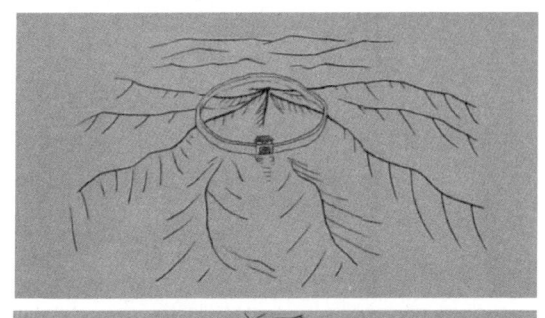

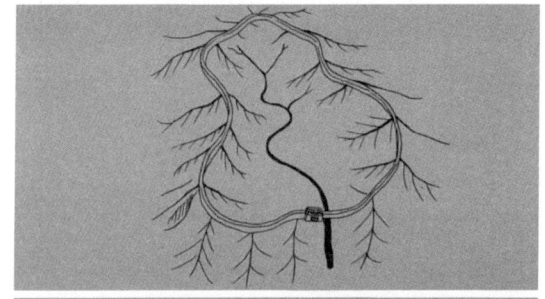

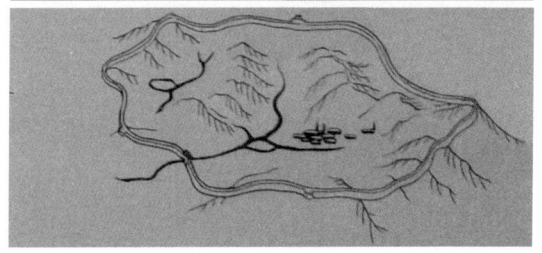

(위) 테뫼식 산성, (가운데) 포곡식 산성, (아래) 복합식 산성. 한성백제
박물관.

우 1. 산 정상부를 중심으로 성을 두른 테뫼식 산성,
2. 산 정상을 포함하여 주위 능선과 계곡을 따라 골
짜기(谷)를 + 감싼(包) + 산성이라 하여 포곡식(包
谷式) 산성, 3. 산봉우리를 중심으로 한 테뫼식 산성
과 계곡을 감싸는 포곡식 산성이 결합된 복합식 산

성으로 나뉜다. 신라 산성의 거의 대부분이 테뫼식의 작은 형태이며, 포곡식과 복합식은 매우 드문 형태였다. 이 중 남한산성은 복합식에 해당하며 성이 무려 500m 높이에 위치한 만큼 이 또한 지금까지 만난 신라 산성에 비해 훨씬 높은 지대임을 알 수 있다. 그만큼 훨씬 더 먼 지역까지 폭넓게 관찰이 가능하다는 의미이기도 하다.

이처럼 신라는 유독 커다란 성을 높은 지대에다 만들면서 성 안에는 앞서 설명한 거대한 신라 건축물을 지었다. 해당 건축물에 대해 학자들은 무기나 식량 같은 전쟁에 필요한 물자를 대거 보관하던 창고로 추정하는 만큼 성벽처럼 두터운 벽체와 무거운 기와로 내부를 적극적으로 보호하고자 했음을 알 수 있다. 일반 기와의 강도가 70㎏에 불과한 것에 비해 이곳 커다란 기와의 강도는 무려 550㎏에 이른다고 한다. 강도로 미루어 볼 때 웬만한 물리적 공격으로는 별다른 타격도 주지 못했을 듯.

그렇다면 왜 신라는 나당전쟁 때 남한산성과 더불어 방어력을 극대화한 거대한 창고를 이곳에 만든 것일까? 이는 다름 아닌 한강의 이점을 최대한 활용하기 위함이었다. 구체적으로 살펴보면,

1. 북한강과 남한강을 통해 충청도, 경기도 등지

에서 나당전쟁에 필요한 군수품과 식량을 옮겨 이 곳 남한산성에다 대거 보관하다가 2. 임진강 유역의 전장으로 물자를 이동할 때는 우선 남한산성 근처 한강을 통해 한강 하류로 이동한 후 3. 다음으로 한강 하류와 만나는 임진강 하류에서 임진강 상류를 따라 이동하며 주요 방어지점에 위치한 성에 물자를 보급한 것이다.

물론 임진강 유역이 잘 버틸 때는 물자를 보관하며 북방전선 전반을 총괄하는 장소로 활용되다가, 만일 임진강과 한강 유역까지 적에게 뚫리는 최악의 상황이 닥친다면 남달리 큰 규모의 성인 만큼 이곳 남한산성을 중심으로 적을 방어하고자 했었겠지. 이렇듯 여러 계획을 고민하며 세운 성임을 알수 있다. '그렇다면 병자호란 때도 나당전쟁처럼 충분한 물자를 남한산성에 비축해두었다면 우리가 알고 있는 치욕적인 패배를 경험하지 않았을지도 모르겠다.' 조선의 인조가 청나라에게 항복한 주요이유 중 하나가 다름 아닌 성 안의 군량이 제대로 준비되지 않았기 때문이니까. 그만큼 전쟁 준비에 소홀했던 것. 이를 통해 신라처럼 전쟁에 철저히 대비하는 자세가 승리하는 데 얼마나 중요한 부분인지 다시금 깨닫는다.

신라 성벽

맑은 공기를 마시며 남한산성 역사문화관에 도
착했다. 오호라~ 건물이 참 멋지네. 안으로 들어서
자 여타 박물관처럼 상설전시와 기획전시가 운영되
고 있으며, 새 건물이라 영상물과 설명 패널도 깔끔
하다. 다만 쭉 내부 전시를 보다보니 아쉬움이 조금
든다. 병자호란에서 패배한 내용이 박물관의 주요
스토리텔링이라 그런지 아무리 잘 만든 전시라도
보는 동안 기분이 썩 좋지 않네. 아무래도 패배한
역사보다 승리한 역사를 더 보고 싶은 것이 사람의
마음인가보다. 물론 앞서 언급한 커다란 기와도 전
시되어 있어 남한산성의 기원이 신라에 있음을 보
여주고 있으며, 더불어 성벽에 대한 설명에서도 신
라 이야기가 일부 등장하고 있다.

흥미롭게도 남한산성은 신라부터 조선시대까지
증·개축이 계속 이어졌기에 신라 성벽부터 조선
인조, 숙종, 영조 시절마다 새롭게 도입된 성벽까지
함께하고 있다. 특히 신라 성벽의 경우 직사각형 또
는 정사각형으로 돌을 다듬은 후 층층이 줄지어 정

남한산성 행궁 터에서 발견된 거대한 크기의 신라 기와. 남한산성 역사문화관. ©Hwang yoon

교하게 쌓았는데, 얼마 전 호로고루 성에서도 만났던 성벽 스타일이기도 하다.

　이 김에 신라 성곽의 흐름에 대한 설명을 잠시 하자면 처음에는 수도 경주를 중심으로 흙으로 만든 성, 즉 토성(土城)을 만들다가, 5세기 후반부터 고구려 영향을 받아 돌로 쌓은 성, 즉 석성(石城)이 등장하기 시작하였다. 이후 6세기 중엽 들어와 영토가 크게 넓어지면서 변방의 중요 거점마다 돌로 쌓은 성이 만들어졌으며, 6세기 말에는 수도 경주 주변의 토성들도 돌로 증축 내지 개축되었다. 그러더니 나당전쟁이 시작되자 주요 방어선마다 석성을 축조했고, 삼국통일을 이룬 후에는 9주 5소경으로 행정구역을 편제하면서 각 지역마다 군사·행정적

신라가 만든 성벽도 만날 수 있는 남한산성. 신라의 주장성을 기반으로 조선 시대 들어와 대대적으로 보수, 축조했음을 보여준다. 남한산성 역사문화관.

기능을 갖춘 석성을 구비하였다. 이처럼 토성에서 석성으로의 변화를 보여준 것.

특히 성벽을 이루는 각각의 돌들이 작은 이유는 운송의 편리성과 더불어 작은 돌로 쌓는 만큼 단순 반복 노동을 통한 빠른 축조가 가능하기 때문이다. 평지도 아닌 산 위에다 성을 만들었기에 거대한 바위를 성벽으로 활용하려면 옮기는 데 엄청난 노동력과 기술이 필요하나, 작은 돌은 이런 부분에서 큰 이점이 된다. 뿐만 아니라 성벽을 이룬 돌 역시 처음 석성을 쌓을 때는 조잡하게 쪼갠 돌을 사용했는데 시일이 지날수록 섬세하게 가공한 돌을 사용하게 되었으니, 이 또한 점차 발전된 모습이라 하겠다. 당연하게도 조잡한 돌보다 잘 가공된 돌이 성벽

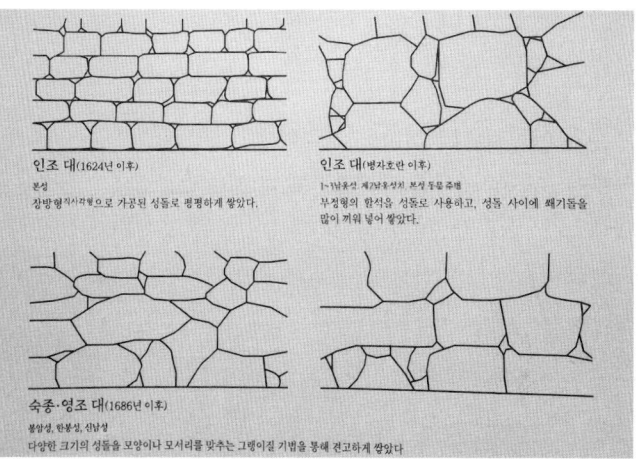

인조 대(1624년 이후)
본성
잘방형직사각형으로 가공된 성돌로 평평하게 쌓았다.

인조 대(병자호란 이후)
1~남옹성 제2남옹포대지 본성 등을 중배
부정형의 할석을 성돌로 사용하고, 성돌 사이에 쐐기돌을
많이 끼워 넣어 쌓았다.

숙종·영조 대(1686년 이후)
봉암성, 한봉성, 신남성
다양한 크기의 성돌을 모양이나 모서리를 맞추는 그랭이질 기법을 통해 견고하게 쌓았다

시대에 따른 성벽 축조 방식의 변화. 남한산성 역사문화관.

의 안정성을 더욱 높여주었을 듯.

다만 현재는 신라 산성 중에 온전한 모습을 지닌
경우는 보기 힘든 상황이며, 이곳 남한산성처럼 오
랜 시간 지속하여 성으로 활용된 장소에서나 과거
모습을 일부나마 만날 수 있다. 안타깝게도 대부분
의 신라 산성의 경우 오랜 세월이 지난 데다 이후
수차례 개축되는 과정에서 신라 시절의 모습을 많
이 잃었다. 그런 만큼 18세기까지 꾸준히 업그레이
드된 남한산성이 주는 의미는 남다르다. 유네스코
에 남한산성이 등재된 이유 또한 시대마다 변화된
축성 기술의 양상을 함께 볼 수 있다는 점이 컸다고
한다.

어쨌든 나당전쟁 시절 신라인이 축조한 가장 큰
규모의 성이었던 만큼 이곳을 방문할 때는 병자호

란뿐만 아니라 나당전쟁도 기억해주면 좋겠다. 무엇보다 조선이 패배한 병자호란에 비해 나당전쟁은 강대국을 상대로 승리한 우리 역사인 만큼 충분히 강조하며 자랑할 만한 콘텐츠가 아닐까.

구진천의 강노

음, 병자호란 때 사용한 화포, 활 등 전시된 무기를 보니 갑자기 나당전쟁 시절 사용한 신라 무기가 궁금해진다. 이 김에 장거리 공격무기인 쇠뇌 = 노(弩)를 소개해볼까 한다.

노(弩)는 다름 아닌 방아쇠를 이용한 기계식 활로 누구든 배우기 쉬운 반면, 전통 활의 경우 오랜 연습이 필요한 데다 기본적으로 팔에 힘이 없으면 사용하기 어렵다는 약점이 있었다. 특히 개인용 노와 달리 큰 크기를 자랑하는 강노(强弩)의 경우 엄청난 장거리 공격도 가능한 무기였다. 강노는 활의 크기도 커서 사람의 힘으로 시위를 쉽게 당길 수 없기에 녹로라 부르는 도르래를 이용하여 시위를 당겨 시위걸개에 건 후 한 개 또는 여러 개의 화살을 동시에 발사할 수 있는 기계식 노라 할 수 있다.

신라는 장극(長戟, 장창)과 강노(强弩)로 임나(=가야)를 능욕해 멸망시켰다.

《일본서기(日本書紀)》 긴메이 천황(欽明天皇)

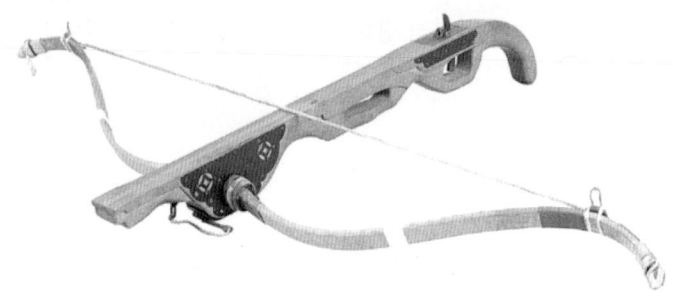

《훈국신조기계도설》에 있는 궐장노(蹶張長弩) 복원품. 유영기 제작.

그 나라의 산은 수십 리씩 연결되어 있는데, 입구의 골짜기에 튼튼한 쇠문 짝을 만들어 달고 관문(關門)이라 한다. 신라는 이곳에 항상 노사(弩士) 수천명을 주둔시켜 지킨다.

《신당서(新唐書)》 동이열전(東夷列傳) 신라

이러한 노는 전쟁이 매우 잦았던 삼국시대에 들어와 더욱 널리 사용되었는데, 일본 기록에 따르면 신라가 임나, 즉 가야를 멸망시킬 때도 장창과 강노를 이용했다고 한다. 뿐만 아니라 중국 측 기록인 《신당서》에 따르면 신라는 변경지역에 철로 만든 관문을 설치하고 노를 사용하는 군사 수천 명을 배치해 이를 지키도록 했다고 전한다. 둘 다 신라가 무기로서 노를 굉장히 중요시했음을 보여주는 기록이다. 그래서일까? 나당연합 시절 신라군의 활약상

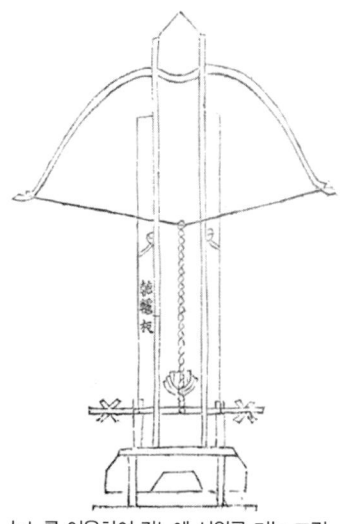

녹노를 이용하여 강노에 시위를 거는 그림.

을 보고 관심이 생겼는지 당나라에서도 신라 노에 대해 큰 관심을 가지게 된다. 요즘 기준으로 보면 대한민국의 미사일, 자주포, 전투함, 전투기 등의 첨단 무기를 미국에서 관심을 가지더니 아예 관련 정보를 자신들에게 제공해달라고 한 것과 유사하다고 볼 수 있겠다.

　당나라 사신이 도착하여 조서를 전하고 쇠뇌 기술자 사찬(沙飡, 신라 8등 관등) 구진천과 함께 돌아갔다. 당나라에서 구진천에게 나무 쇠뇌를 만들도록 명하였는데, 화살을 쏘자 30보(步) 날아갔다. 황제가 물어 말하기를, "너희 나라에서는 쇠뇌를 만들

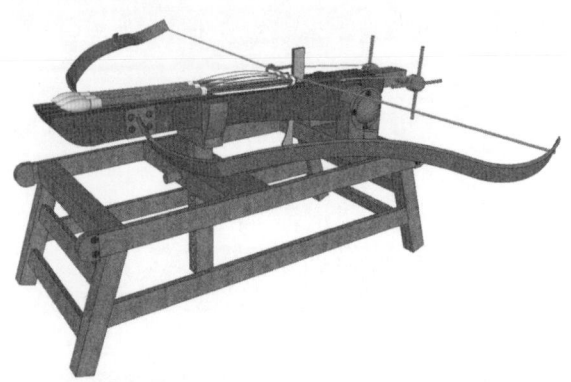

여러 개의 커다란 화살을 건 강노, 뒤에 설치된 도르래로 시위를 당겨 화살을 장착한 만큼 관통력이 상당했다.

어 쏘면 1000보가 날아간다고 들었는데, 지금은 겨우 30보밖에 나가지 않는 것은 어째서인가?"라고 하였다. 구진천이 대답하여 말하기를, "재목이 좋지 않기 때문입니다. 만약 본국의 재목을 가져오면 그것을 만들 수 있습니다."라고 하였다.

천자가 사신을 보내 재목을 구하니, 곧 대나마(大奈麻, 신라 10등 관등) 복한을 보내 나무를 바쳤다. 이에 다시 만들 것을 명하고, 쏘아보니 60보에 이르렀다. 그 까닭을 묻자 대답하여 말하기를, "신 또한 그 이유를 모르겠습니다. 아마도 나무가 바다를 건너면서 습기에 젖었기 때문인 듯합니다."라고 하였다. 천자는 그가 일부러 만들지 않는다고 의심하여

무거운 벌로 위협하였지만, 끝내 그 재능을 다 바치
지 않았다.

《삼국사기》 신라본기 문무왕 9년(669) 겨울

당나라는 고구려 멸망 직후인 669년 신라에 사신
을 보내 특별히 신라의 쇠뇌 = 노 제작 기술자를 황
제의 명이라며 중국으로 데려갔다. 그는 6두품 관
직을 지닌 구진천. 그러나 과장이 더해져 1000보 =
1300m라 불릴 만큼 엄청난 장거리를 자랑하던 구
진천의 노가 당나라 황제 앞에서는 겨우 40m 사거
리밖에 나오지 않았다.

당 황제가 의문을 표하니 구진천은 재료가 신라
것이 아니라 그런 것 같다고 답하였다. 이에 이번에
는 신라에서 재료를 직접 가져와 만들도록 했는데,
60m 정도로 조금 더 사거리가 좋아졌을 뿐 나당연
합군 시절 들었던 장거리가 전혀 아니었다. 황제가
다시 한 번 의문을 표하자 구진천은 바다를 건너면
서 재료가 변했기 때문이라 변명하였다. 사실 구진
천은 국가 기술을 누설하지 않고자 일부러 강노를
제대로 만들지 않았던 것이다.

각간(신라 1등 관등) 흠순과 파진찬(신라 4등 관
등) 양도를 보내 당나라에 들어가 사죄하게 하였다.

당 고종이 흠순의 귀국을 허락하였으나 양도는
억류하여 감옥에 가두었는데, 결국 감옥에서 사망
하였다. 왕이 마음대로 백제의 땅과 유민을 취하였
기 때문에 황제가 노하여 책망하며 다시 사자를 억
류한 것이다.

구진천이 이처럼 황제 앞에서도 신라의 국익을
위해 죽음을 각오하고 기술을 선보이지 않은 이유
는 이 당시 당나라와 신라 간 분위기를 잘 알고 있
었기 때문이었다. 앞서 설명했듯 668년 고구려가
멸망한 직후부터 당나라는 신라를 압박, 견제하고
자 했다. 이에 신라에서는 분위기를 누그러트리기
위해 진골 고위층인 김흠순과 김양도를 사신으로
삼아 당나라로 보냈는데, 이 중 김흠순은 김유신의
동생이자 문무왕의 외삼촌이며, 김양도는 당나라와
의 외교에서 김인문 못지않게 여섯 번이나 당나라
에 사신으로 파견될 정도로 큰 활약을 한 인물이다.
하지만 당 황제 고종은 시일이 지나 김흠순만 귀국
시키고 김양도는 감옥에 그대로 두어 죽게 만든 것
이 아닌가? 뿐만 아니라 김흠순 역시 신라 귀국 후

전혀 기록에 등장하지 않은 만큼 당나라에서 옥고를 치루면서 건강이 나빠져 얼마 뒤 죽은 것으로 추정된다. 아끼던 두 신하의 고초는 문무왕이 나당전쟁을 최종 결심하는 중요한 계기가 되었다.

그런 만큼 구진천 역시 당나라에게 자신의 기술을 선보일 생각이 전혀 없었다. 해당 기술이 당나라에 전해지면 도리어 신라에게 사용될 것이 뻔했으니까. 그의 최후에 대해 더 이상 기록이 없어 구체적으로 알 수 없으나 신라 최고위층마저 당나라에서 옥고를 치룰 정도의 분위기였기에 결코 좋은 최후가 아니었을 듯하다. 그럼에도 불구하고 그의 나라에 대한 충성은 기록으로 남아 지금까지 이어지고 있다. 고작 돈 때문에 국가의 고급기술을 해외에 빼돌리는 이들이 뉴스에 유독 많이 나오는 요즘 그의 명예로운 이름이 더욱 아름답게 빛나 보인다.

장창부대

저기 전시된 무기 중 창이 보이네. 창은 인간이 사용한 무기 중 가장 오래된 것으로 처음에는 긴 나무 막대기 끝을 뾰족하게 깎아 사용하다가 돌, 더 나아가 점차 금속 제련이 발전하면서 청동기, 나중에는 철로 만든 칼날을 긴 나무에 꽂아 사용하였다.

특히 창이라는 것은 보통 칼 한 자루를 만드는 데 쓰이는 금속의 양이면 창을 3개 정도 만들 수 있

(위) 남한산성 역사문화관에서 만난 장창. ⓒHwang yoon (아래) 삼국시대 철로 만든 창. 칼날을 긴 나무에 꽂아 사용하였다. 국립중앙박물관.

창 종류 과(戈), 모(矛), 극(戟). 과와 모과 합쳐서 극이 등장하였다.

는 데다 칼과 비교해 중거리 공격이 가능하며 더 나
아가 일정한 훈련만 거치면 대형을 짜서 집단공격
이 가능한 등등 여러 장점이 있었다. 뛰어난 관통력
으로 중장거리 공격에 매우 효과적인 총과 같은 화
약무기가 대체할 때까지 창은 인류의 주요 무기로
활용되었다. 당연히 신라도 특별히 애용하는 무기
였다.

남아 있는 기록에 따르면 신라는 과(戈), 모(矛),
극(戟) 등 여러 종류의 창을 사용하였는데, 이번 기
회에 창의 종류를 이야기해보자면 1. 과(戈)는 칼날
이 낫 모양의 갈고리 모양으로 되어 있어 말이나 보
병의 다리를 베거나 갑옷이나 옷에 걸어 적을 끌어
당길 수 있는 무기다. 2. 모(矛)는 적을 찌르는 용도
로 사용하였으며 일반적으로 창이라는 이미지를 떠

오르면 생각나는 모습이라 하겠다. 3. 극(戟)은 다양한 활용을 위해 과와 모를 합친 형태로 소설 《삼국지》에 등장하는 여포의 방천화극이 대표적 예시라 하겠다.

> "문무왕 12년(672)에 장창당(長槍幢)을 처음으로 설치하였다."
>
> 《삼국사기》 잡지 무관(武官)

그렇게 꾸준히 창이 무기로 사용되던 중 나당전쟁 시기 신라에서는 아예 장창당이 설치되었다. 명칭 그대로 긴 창을 이용하여 적을 공격하는 부대로서 학계에서는 당나라와 유목민이 자랑하던 기병을 제압하기 위한 특수부대로 보고 있다. 잘 훈련된 병사들이 길이가 긴 창을 들고 대형을 짜서 대응할 경우 그 무서운 기병의 돌격마저 막아낼 수 있었기 때문.

예를 들면 앞서 소개한 소정방이 657년 불과 1만 명의 당나라 병력으로 10만의 기병을 중심으로 한 돌궐군을 격파할 당시 그가 이끈 부대의 주축이 다름 아닌 장창부대였다는 사실. 장창부대가 마치 고슴도치처럼 긴 창으로 돌궐 기병의 움직임을 막으면 장창부대 후방에 위치한 활과 노로 이루어진 부대가 화살을 쏘아 적을 손쉽게 사살하다가 적의 기세가 꺾이는 순간 준비해둔 기병으로 급습하여 적을 패주시킨 것이다. 이러한 소정방의 작전은 나당전쟁 시절 신라가 그대로 활용하게 된다. 창과 노부대의 결합이 바로 그것이다.

당시 장창당(長槍幢)이 홀로 다른 곳에 진영을 설치하였다가, 당의 군사 3000여 명과 부딪혀 당나라군을 사로잡아 대장군(大將軍)의 진영에 보내왔다. 이에 여러 부대가 모두 말하기를, "장창당이 홀로 진을 치고 공을 세웠으니 반드시 후한 상이 있을 것이다. 우리도 모두 같이 모여 있는 것은 바람직하지 않고 단지 스스로 수고로울 뿐이다."라고 하였다. 마침내 각각 군사를 분산하여 나누어 자리 잡았다.

《삼국사기》 열전 김유신

실제로 장창부대는 전쟁에서 큰 성과를 얻기도 했는데, 당나라 병력과 장창당이 맞붙어 크게 승리한 기록이 있을 정도. 다만 이때 장창당이 홀로 진영을 설치했다가 승리하면서 신라의 다른 부대들도 공을 세우고자 각각 분산하여 자리 잡았으니, 이 틈을 놓치지 않고 당나라군이 반격하여 672년 8월 석문전투에서 신라가 크게 패배하게 된다. 이처럼 잘 구성된 창병이라도 독단적으로 행동하면 적의 기병에게 손쉬운 먹잇감이 되었던 것이다. 그런 만큼 다양한 종류의 병력이 대영을 짜서 하나의 몸처럼 함께 전투를 하는 것이 승리의 중요한 요소였음을 알 수 있다.

나당전쟁이 끝난 뒤에도 장창부대는 중요한 부대로 운영되었으며, 693년 들어와 장창당은 중앙부대인 9서당 중 하나로서 비금서당(緋衿誓幢)으로 명칭이 바뀌었다. 다음으로 지방군의 경우 9개의 주(州)마다 장창부대로서 비금당이 배치되었다. 이외에도 신라는 기병(騎兵), 쇠뇌를 사용하는 부대[弩幢], 도끼를 주 무기로 사용하는 부대[萬步幢], 돌을 던지거나 투석기를 다루는 부대[石投幢], 성벽을 넘는 사다리 부대[雲梯幢], 성벽과 성문을 뚫는 부대[衝幢] 등이 존재했다. 이를 미루어 볼 때 당시에도 요즘 군대의 포병, 보병, 공병, 기갑병처럼 꽤나 복잡한 전투 시스템이 갖추어져 있었나보다. 전투 양상에 따라 투입되는 전문성이 부여된 부대라 할까?

나당전쟁의 마무리

남한산성 역사문화관 밖으로 나왔다. 평일임에도 등산객들로 가득한 남한산성. 오고가는 버스에는 사람으로 가득하고 주차장도 승용차로 가득하다. 날씨도 꽤 좋은 만큼 오랜만에 망월사라는 절에 가볼까 한다. 이곳은 남한산성 안에 위치한 사찰로 나당전쟁과는 큰 연관이 없으나 개인적인 인연이 있다. 과거 내가 복무한 부대에 법당을 만들어주는 등 남다른 인연이 있어 불교행사 때마다 부대원들과 함께 방문했던 경험이 있었기 때문. 남한산성 근처에 위치한 워낙 작은 규모의 부대라서 내가 전투병과 불교 군종병 역할을 겸임했었으니까. 하하. 그럼 이동하면서 나당전쟁 이후의 신라 이야기를 이어가볼까?

고종이 장차 군대를 일으켜 신라를 토벌하고자 했다. 병으로 집에 있던 시중(侍中) 장문관이 입궐해 고종에게 간했다.

"지금은 토번이 침범하니 바야흐로 군사를 일으

커 서쪽을 토벌해야 합니다. 신라는 비록 자주 불순
하지만, 일찍이 변방을 침범하지는 않았습니다. 만
일 신라를 친다면, 신(臣)은 그 폐해가 심하지 않을
까 두렵습니다."

　이에 당 고종은 신라 토벌계획을 중지하였다.

《자치통감(資治通鑑)》 의봉 3년(678) 9월

　당나라 황제 고종은 677년 들어와 옛 고구려의
보장왕을 요동도독 겸 조선 왕으로 책봉하고 옛 백
제 의자왕의 아들 부여융을 웅진도독 겸 대방 왕으
로 책봉했다. 이는 곧 신라가 고구려, 백제 영역을
제대로 관리하지 못할 경우 언제든 이들을 허수아
비 왕으로 삼아 재침공하려는 의도였다. 더 나아가
당 고종은 678년에 신라를 다시 한 번 더 공격하려
고 했으나 고위관료였던 장문관의 적극적인 반대와
토번의 남다른 기세로 인해 포기할 수밖에 없었다.
그러더니 683년 당 고종이 죽고 그의 부인인 측천
무후가 권력을 완전히 장악하는 등 당나라 내부 사
정이 어수선해지면서 신라와의 전쟁은 더 이상 지
속될 수 없는 폐기된 정책이 되고 만다.

　강무전(講武殿)의 남문(南門)에서 활쏘기를 관람
하였다.

《삼국사기》 신라본기 문무왕 17년(677) 3월

한편 문무왕과 신라 수뇌부는 675년 매소성 전투, 676년 기벌포 전쟁을 승리한 뒤에도 당나라에 대한 긴장감을 결코 풀지 않았다. 왕이 참가하여 활쏘기 군사행사를 진행하고 나당전쟁 때 기도처였던 장소에다 사천왕사를 짓도록 하는 등 여전히 언제 발발할지 모를 전쟁을 대비하고 있었다. 그러나 679년 들어와 분위기가 급변하게 되는데, 토번과의 전쟁으로 인해 더 이상 당나라의 신라 침공이 쉽지 않다고 여겼는지 궁궐을 새로이 크게 짓기 시작했다. 긴장감을 풀 만큼 여유가 생겼다는 의미. 이 과정에서 "의봉 4년 개토 명" 기와가 등장하였다.

궁궐을 고쳤는데 자못 웅장하고 화려하였다.

《삼국사기》 신라본기 문무왕 19년(679) 2월

동궁을 짓고 처음으로 궁궐 안팎 여러 문의 이름을 정하였다.

《삼국사기》 신라본기 문무왕 19년(679) 8월

해당 기와는 경주 월성과 동궁과 월지 등 신라의 궁궐 유적지에서 출토되었으며, 의봉(儀鳳)이 당나

의봉4년 개토(儀鳳四年皆土) 명 기와. 국립경주박물관.

라에서 676년부터 사용한 연호였던 만큼 의봉 4년
은 679년에 해당한다. 《삼국사기》 또한 679년 경주
에 궁궐을 새롭게 짓는 기록이 등장하는 만큼 이와
연결되는 유물이라 하겠다. 그렇다면 연호 뒤에 붙
은 개토(皆土)란 과연 어떤 의미일까.

　이에 대해 학계에서는 "개토(皆土) = 땅이 다함
께 어울리다."라는 표현인 만큼 "모두 아울러 우리
땅이 되었다."로 해석하여 신라가 나당전쟁을 승리
로 이끈 후 이를 기념하여 개토라는 용어를 새긴 기
와를 만든 것으로 보고 있다. 한마디로 삼국을 하나
로 만든 신라가 앞으로도 계속 번성하기를 바란 것.
소위 삼한일통 의식이 담긴 표현이랄까?

삼한일통

삼한일통(三韓一統)이라는 용어는 간단히 말해 삼한이 하나로 합쳐졌다는 뜻이다. 흥미롭게도 삼한이란 원삼국시대인 1~3세기 한반도 남부에 위치하던 마한, 진한, 변한을 합쳐 부를 때 사용한 용어이나, 삼국시대 후반기인 7세기가 되자 고구려, 백제, 신라 영역을 통칭하여 삼한으로 여기는 인식이 점차 생겨났다.

이는 동시대 수나라, 당나라에서 고구려, 백제, 신라의 영역인 요동과 한반도 지역을 합쳐 소위 삼한이라 지칭하던 문화와 연결된 것으로 아무래도 외부인 눈으로 볼 때 고구려, 백제, 신라가 각각 다른 국가임에도 나름 사회적, 문화적, 언어적, 인종적으로 동질적인 성격을 지닌 국가군으로서 인식된 모양이다. 이에 기존의 삼한이라는 용어를 공간적으로 확장하여 재활용한 것. 예를 들면 다음과 같은 표현이 있다.

수나라 양제가 고구려를 공격할 때 등장한 표현

으로 "삼한(三韓)이 숙청되었다."

당나라 태종이 고구려를 공격할 때 등장한 표현으로 "저수량은 태종이 삼한(三韓)에 뜻을 품고 있어 심히 우려하였다."

당나라 고종의 표현으로 "요즘에 와서는 전쟁이 번갈아 일어나 편안한 해가 거의 없어 삼한(三韓) 백성들의 목숨이 위태로울 지경에 이르게 되었다."

당나라 소정방이 백제를 멸망시킨 후 정림사지 오층석탑에 새긴 대당평백제국비명(大唐平百濟國碑銘)에 등장하는 표현으로 "두 번 승전해서 삼한(三韓)을 평정하였다."

등이 바로 그것. 이렇듯 7세기 들어와 중국에서는 삼한을 본래 마한, 진한, 변한이 존재하던 한반도 남부라는 공간적 범위를 넘어 요동부터 한반도 지역까지 폭넓게 통칭하여 사용하였다. 마찬가지로 일본에서도

대화 4년(648) 2월 초하루 삼한(三韓은 고구려·백제·신라를 이른다)에 학문승(學問僧)을 보냈다.
《일본서기(日本書紀)》 고토쿠 천황(孝德天皇)

라는 기록을 통해 7세기에 삼한이라는 용어를 중

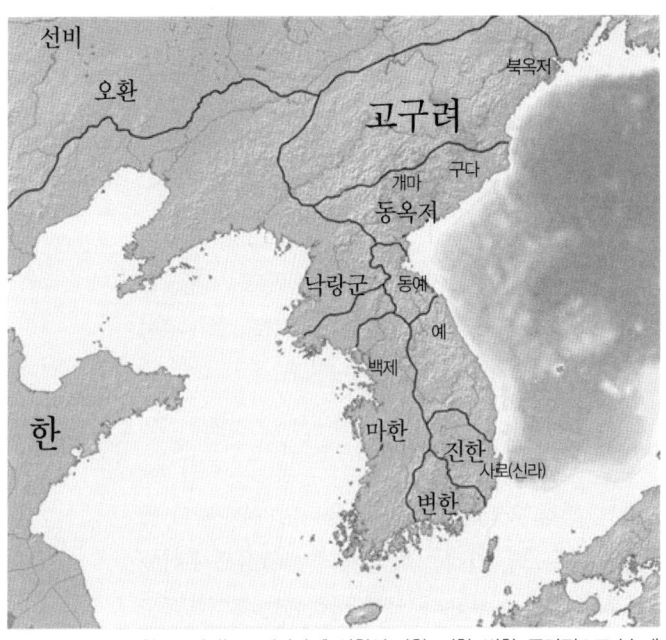

원삼국시대(1~3세기까지) 삼한인 마한, 진한, 변한. 공간적으로 볼 때 이들은 한반도 남부에 위치하고 있었다.

국과 비슷한 관점에서 사용했음을 알 수 있다. 이 용어의 확장된 사용법은 당연히 신라에 영향을 주었고, 덕분에 7세기 들어와 신라에서 삼한을 언급한 기록을 《삼국사기》에서도 찾아볼 수 있다. 예를 들면 김유신이 죽기 전 문무왕에게 남긴 유언 중 "삼한(三韓)이 한집안을 이루고"라는 표현, 신문왕이 당나라 황제에게 자신의 할아버지인 태종무열왕에 대해 설명하며 "일통삼한(一統三韓)을 하였다."라 언급한 부분 등이 바로 그러하다. 이러한 역사서 기록 외에 삼한을 언급한 7세기 유물로는 문무왕릉비가 있다는 사실.

> 땅은 팔방(八方) 먼 곳까지 걸쳐 있고, 그 훈공은 삼한을 뛰어넘어 넓고 높음을 다 일컬을 수가 없는 분
>
> 문무왕릉비(文武王陵碑) 682년

나당전쟁 승리라는 큰 업적을 세운 문무왕이 세상을 뜬 후 그를 기리는 비석이 곧 세워졌으니 이를 '문무왕릉비'라 부른다. 해당 비석에는 흥미롭게도 글자가 일부 마모되어 "勳超三▨▨巍蕩蕩"라는 문장이 있는데, 이에 대해 학계에서는 앞의 ▨은 韓으로, 뒤의 ▨은 巍으로 보아 勳超三韓巍巍蕩蕩, 즉 훈공은 삼한을 뛰어넘어 높고도 높다,라고 해석한다.

> 공은 어린 나이에 비범한 모습이 드러났고 일찍부터 아름다운 자태가 빼어났으니 기세가 삼한(三韓)을 덮었다.
>
> 부여융 묘지명(扶餘隆 墓誌銘) 682년

이는 마침 문무왕릉비와 비슷한 시점 만들어진

백제의 태자이자 당나라에서 죽은 부여융의 묘지명과 유사한 표현이라 눈길을 끈다. 이처럼 삼한이라는 공간적 용어를 활용하여 문무왕의 남다른 공을 부각시킨 것이다. 여기까지 살펴본 결과 신라에서도 7세기 들어와 삼한이라는 용어를 적극 사용하였음을 알 수 있다. 이렇듯 삼한에 대한 공간적 인식의 확장은 나당전쟁 후 신라인의 정체성 확립에 있어서도 큰 영향을 주었다.

삼한의 백성이 하나로 합쳐지고 땅은 넓어졌다.

청주 운천동 신라사적비(淸州雲泉洞 新羅事蹟碑) 686년

삼한(三韓)이 사이좋게 지내 오늘날 어질고 의로운 나라로 불리게 되고 대대로 공로 있는 훌륭한 업적을 드러냈다.

《삼국사기》 신라본기 성덕왕 30년(731) 2월

686년 세워진 청주 운천동 신라 사적비에서는 "民合三韓而廣地", 즉 삼한의 백성이 하나로 합쳐지고 땅은 넓어졌다는 표현이 등장한다. 이는 삼한을 하나로 합쳤다는 의미로서 이 또한 삼한일통 의식이 담긴 표현이라 하겠다. 그뿐 아니라 세월이 더 지난 731년에는 당 황제 현종이 직접 "삼한(三韓)이

사이좋게 지내 오늘날 어질고 의로운 나라로 불리
게 되었다."라며 신라를 치켜세우게 된다. 이는 곧
당나라에서도 어느덧 신라를 삼한이 하나로 된 나
라로서 인식했음을 의미. 마침 8세기 중반은 나당
전쟁으로 인한 두 국가의 오랜 긴장감이 누그러지
면서 다시금 최고 수준의 우호국이 된 시점이기도
했다. 그런 만큼 당나라에서도 신라에 대해 인정할
것은 인정해주는 분위기가 만들어지고 있었다.

> 당나라에 사신을 보내 새해를 축하하였다. 아울
> 러 표문을 붙여 사례하여 아뢰기를
> "삼가 패강(대동강) 이남의 땅을 준다는 은혜로
> 운 조칙(詔勅, 황제의 문서)을 받았습니다."
>
> 《삼국사기》 신라본기 성덕왕 35년(736) 6월

그 결과 8세기 들어와 당 황제 현종의 승인으로
당나라는 과거 당 태종이 약속한 평양 이남의 땅을
신라에게 넘기게 된다. 물론 나당전쟁 이후 당나라
영향력이 사라지면서 평양 이남의 영토를 사실상
신라가 군사, 행정적으로는 이미 장악하고 있었으
나 이를 국제적으로 공인받은 시점이 바로 이때였
던 것. 나당전쟁을 통해 신라가 얻고자 한 결과물이
었던 만큼 평양 이남의 영토는 양국 간 화해를 위한

제천 월광사 원랑선사탑비. 일제강점기 시절 사진. 국립중앙박물관.

중요한 조건이 된 것이다. 나당전쟁이 끝나고 무려 60년 뒤에 이루어진 신라 외교사에 있어 무척 중요한 사건이라 하겠다.

과거에 우리 태종대왕(太宗大王, 태종무열왕)께서 백성들이 도탄에 빠지고 사해(四海)가 괴로워하는 것을 안타깝게 여기셔서 삼한(三韓)에서 전쟁을 그치게 하고 일통(一統)을 달성하셨다.

제천 월광사 원랑선사탑비 890년

이러한 과정을 통해 신라인들은 삼국통일부터 나당전쟁 승리까지 이어진 7세기 역사를 삼한일통의 위대한 업적으로 여기며 남다른 자부심을 가지게 된다. 비록 공간적으로는 고구려의 영토였던 요동까지 확보하지 못했으나, 백제 영역 전부와 고구려 영역 일부를 장악함과 동시에 백제인과 고구려인을 통합하며 신라의 구성원으로 확장했으니까. 무엇보다 삼한일통 의식은 우리 역사에서 큰 의미로 다가오니, 세월이 흐르고 흘러 이를 기반으로 점차 한민족 의식이 발전되어 현재까지 이어지고 있기 때문이다. 이것이 바로 문무왕이 우리 역사에 남긴 가장 큰 업적이라 하겠다.

문무왕의 유언

저기 남한산성 동문이 보인다. 동문 옆에 산으로 올라가는 도로가 있으며 이 길을 따라가면 망월사에 도착한다. 은근 경사가 높으니 한 걸음 한 걸음 조심해서 올라가도록 하자. 그렇게 등산을 하듯 오르고 올라 드디어 망월사에 도착. 휴, 오랜만이라 그런지 익숙하지 않아 꽤 힘드네. 대웅전과 극락보전에 들러 부처님께 3배씩 인사를 하고 사찰 주변의 산을 감상해본다. 푸르른 나무로 가득한 산이 인상적이다. 푸른 산을 감상하다보니 통일신라가 번성한 시절이 떠오른다. 왠지 모르게 나당전쟁 이후 이야기를 진행하기에 참으로 안성맞춤의 분위기라 할까?

신문왕 시절의 대덕 경흥(憬興)은 성이 수씨(水氏)이고 웅천주(熊川州, 공주) 사람이다. 나이 18세에 출가하여 삼장에 통달하여 명망이 한 시대에 높았다. 개요(開耀) 원년(681)에 문무왕이 장차 승하하려고 하여 신문왕에게 유언을 남기기를 "경흥법사

는 국사가 될 만하니 짐의 명을 잊지 말아라"라 하
였다. 신문왕이 즉위하자 국로로 책봉하고 삼랑사
(三郎寺)에 살게 하였다.

《삼국유사》 감통(感通) 경흥우성(憬興遇聖)

지금도 마찬가지지만 종교는 사회통합에 큰 도
움을 주곤 한다. 그래서일까? 문무왕은 아들 신문왕
에게 백제 출신 승려인 경흥법사를 국사로 삼도록
유언하였다. 국사(國師)는 나라가 승려에게 주는 최
고의 명예직인 만큼 아무나 선택될 수 없었다. 실제
로도 경흥법사는 47종의 저서를 저술할 정도로 당
대 손꼽히는 고승이었다. 다만 수많은 신라 승려를
제쳐두고 굳이 백제 출신 승려를 국사로 삼은 이유
는 불교신앙으로 백제를 포함한 여러 유민을 포섭,
융합하려는 정치적 배려가 컸을 것이다. 어느덧 신
라는 고구려, 백제 사람까지 함께하는 큰 나라가 되
었기에 남다른 고심이 느껴지는 문무왕의 발탁이라
하겠다.

왕이 왕경에 성을 새로 쌓으려고 하여 승려 의상
에게 물어보니, 의상이 대답하였다. "비록 들판의
띠집에 살아도 바른 도를 행하면 곧 복된 일이 될 것
입니다. 만약 그렇지 않으면 비록 사람을 수고롭게

하여 성을 만들지라도 또한 이익 되는 바가 없습니다." 이에 왕이 공사를 그만두었다.

《삼국사기》 신라본기 문무왕 21년(681) 6월

한편 문무왕은 궁궐을 새롭게 짓고 난 후 수도 경주에 성을 새롭게 쌓고자 했다. 이는 왕궁을 중심으로 성을 둘러싸는 형태로 우리에게는 서울에 남아 있는 한양도성 덕분에 익숙할 듯싶다. 이러한 종류의 성을 소위 나성(羅城)이라 부르는데, 수도에 나성을 쌓은 고구려, 백제와 달리 놀랍게도 신라는 이때까지도 나성을 축조하지 않았다. 이렇다보니 고구려, 백제를 멸망시키는 과정에서 나성을 인상적으로 본 후 이를 경주에도 도입하고자 한 모양. 아무래도 나성이 있다면 궁을 중심으로 하여 왕실의 권위도 더욱 높아질 테니까.

그러나 의상대사가 반대의사를 보이자 문무왕은 공사를 멈추도록 한다. 이때 의상은 바른 도를 행하면 굳이 성이 필요 없다고 했는데, 흥미롭게도 나성을 세운 고구려와 백제는 하나같이 무너진 반면 나성을 만들지 않은 신라만이 살아남아 최종 승리를 얻었으니 말이다. 마찬가지로 조선의 한양도성만 보아도 임진왜란, 병자호란 같은 전쟁에서 나성은 아무런 역할을 하지 못했다. 누가 보아도 전쟁이 일어날 분위기임에도 전쟁 준비에 실패하면서 왕이 수도인 한양을 탈출하자 백성들도 성을 버리고 흩어질 수밖에 없었다. 이를 통해 아무리 견고한 성이 있더라도 정책이 실패하고 사람의 마음까지 잃으면 아무런 의미가 없음을 알 수 있다.

어쨌든 왕에게 이러한 직언을 한 의상대사도 대단하지만 그 뜻을 이해하고 곧바로 받아들인 문무왕도 참 대단하다는 생각이 든다. 이러한 현명한 판단에는 삼국통일과 나당전쟁에서 수없이 중요한 결정 및 판단을 하던 문무왕의 경험이 연결된 듯하다. 중요한 판단마다 독단적인 결정이 아닌 여러 사람들과 의견을 교류하며 해결책을 찾았던 태도가 바로 그것. 대표적으로 석문전투 패배 후 김유신의 제안에 따라 수비중심으로 태세를 바로 전환한 것, 김천존의 제안에 따라 사천왕사지에다 기도처를 세운 것 등이 있다. 이후로 국시(國是)가 되었는지 몰라도 신라는 멸망할 때까지 의상대사의 말대로 수도에 나성을 쌓지 않았다.

아~ 참고로 의상대사에 대해 설명을 부연하자면 함께 당나라 유학을 떠났다가 중도에 돌아간 원효와 달리 그는 당나라에서 화엄종이라는 불교 종파를 배웠다. 이후 나당전쟁에 앞서 김인문과 김흠순의 제안으로 신라로 귀국한 그는 문무왕을 만나 당나라의 상황을 상세히 전달하게 된다. 이 시점 당나라는 신라에서 사신으로 온 김흠순, 김양도를 억류하며 신라를 공격하려는 분위기가 강했던 만큼 의상의 정보제공은 나당전쟁을 준비하던 신라에게 큰 도움이 되었다.

나당전쟁이 한창일 때는 왕의 명을 받들어 영주에 위치한 부석사를 창건하였으며, 비슷한 시점 양양에 위치한 낙산사도 의상에 의해 창건되었다. 이 역시 단순한 사찰 건립이 아닌 나당전쟁이 한창인 만큼 불교를 중심으로 여러 지역을 결집시키고자 한 작업이라 하겠다. 이외에도 의상은 훌륭한 제자를 많이 두었으며, 702년 78세로 열반할 때까지 신라 화엄종을 개창한 인물로 존경받았다. 사후에도 통일신라뿐만 아니라 고려시대까지 화엄종은 한반도 불교와 왕실에 큰 영향을 주었기에 그의 높은 명성 또한 오래오래 이어졌다. 원효가 당대 최고의 학문승이면서도 파격적인 행동을 종종 보였던 반면, 의상은 일생동안 의젓하고 담백한 모습을 유지했다.

왕이 평소에 항상 지의법사(智義法師)에게 이르기를 "짐은 죽은 뒤에 나라를 지키는 용이 되어 불법을 받들고 나라를 수호하고자 한다."고 하였다.

법사가 말하기를, "용이란 짐승이 되는 것인데 어찌합니까?"라고 하였다. 왕이 말하기를, "나는 세상의 영화를 싫어한 지 오랜지라, 만약 나쁜 응보를 받아 짐승이 된다 하더라도 짐의 뜻에 합당하다."고 하였다.

《삼국유사》 기이(紀異) 문무왕 법민

나성 축조를 멈춘 문무왕은 다음 달인 681년 7월 1일에 56세의 나이로 세상을 떠났다. 마침 살아 있을 때부터 그는 용으로 다시 태어나 나라를 지키겠다고 말하곤 했었는데, 이는 당시 사회, 문화적으로 강한 영향력을 끼치던 불교 세계관에 따르면 윤회를 통해 극락으로 승격하는 것이 아닌 오히려 인간보다 아래에 위치한 짐승이 되는 상황이라 하겠다. 예를 들면 선덕여왕이 죽으며 자신이 도리천, 즉 극락에 묻힐 것을 예언한 것과 비교하면 큰 차이가 나는 발언이었다.

이 말을 들은 지의법사가 의문이 들어 반문하자 놀랍게도 문무왕은 설사 나쁜 응보로 짐승이 되어도 상관없다고 하는 것이 아닌가? 그에게는 죽어서도 나라를 지키는 것이 극락의 삶보다 훨씬 중요했던 것. 이렇듯 남다른 철학 때문일까? 그의 유언을 읽어보면 큰 뜻을 품은 이의 깊은 생각을 엿볼 수 있다. 이번 기회에 문무왕 유언의 전문을 한 번 소개해볼까 한다.

과인은 나라의 운(運)이 어지럽고 전란의 시기를 맞이하여 서쪽을 정벌하고 북쪽을 토벌하여 능히 영토를 안정시켰고, 배반하는 자들을 치고 협조하는 자들을 불러 마침내 멀고 가까운 곳을 평안하게 하였다. 위로는 조상들이 남기신 염려를 위로하였고, 아래로는 부자(父子)의 오랜 원한을 갚았다.

산 사람과 죽은 사람에게 두루 상을 주었고, 중앙과 지방에 있는 사람들에게 균등하게 벼슬을 주었다. 무기를 녹여 농기구를 만들었고, 백성을 어질고 오래 살게 하였다. 세금을 가볍게 하고 요역을 줄여주어, 집집마다 넉넉하고 사람들이 풍족하며 민간은 안정되고 나라 안에 걱정이 없게 되었다. 곳간에는 언덕과 산처럼 쌓였고 감옥에는 풀이 무성하게 되니, 혼과 사람에게 부끄럽지 않았고 관리와 백성에게 빚을 지지 않았다고 말할 만하다.

스스로 여러 어려운 고생을 무릅쓰다가 마침내 고치기 어려운 병에 걸렸고, 정치와 교화에 근심하고 힘쓰느라고 다시 심한 병이 되었다. 운명은 가고 이름만 남는 것은 예나 지금이나 마찬가지이므로, 갑자기 긴 밤으로 돌아가는 것이 어찌 한스러움이

있겠는가? 태자는 일찍이 밝은 덕을 쌓았고 오랫동
안 태자의 자리에 있었다. 위로는 여러 재상에서부
터 아래로는 뭇 관리들에 이르기까지 죽은 사람을
보내는 도리를 어기지 말고, 살아 있는 임금을 섬기
는 예의를 빠뜨리지 말라. 종묘의 주인은 잠시도 비
워서는 안 되므로, 태자는 곧 관 앞에서 왕위를 잇도
록 하라.

또한 산과 골짜기는 변하여 바뀌고 사람의 세대
도 바뀌어 옮겨가니, 오나라 왕의 북산(北山) 무덤에
서 어찌 금으로 만든 물오리의 고운 빛깔을 볼 수 있
을 것이며, 위나라 임금의 서릉(西陵) 망루는 단지
동작(銅雀)이라는 이름만을 들을 수 있을 뿐이다.
지난날 모든 일을 처리하던 영웅도 마침내 한 무더
기의 흙이 되면, 나무꾼과 목동은 그 위에서 노래를
부르고 여우와 토끼는 그 옆에 굴을 판다. 헛되이 재
물을 쓰면 서책(書冊)에 꾸짖음만 남길 뿐이요, 헛되
이 사람을 수고롭게 하는 것은 죽은 사람의 넋을 구
원하는 것이 못 된다.

가만히 생각하면 슬프고 애통함이 그치지 않을
것이지만, 이와 같은 것은 즐겨 행할 바가 아니다.
죽고 나서 10일 뒤에 곧 고문(庫門) 바깥의 뜰에서
서국(西國, 인도)의 의식에 따라 화장을 하라. 상복
의 가볍고 무거움은 정해진 규정이 있으니, 장례를

치르는 제도를 힘써 검소하고 간략하게 하라. 변경의 성(城)·진(鎭)을 지키는 일과 주현(州縣)의 세금 징수는 긴요한 것이 아니면 마땅히 모두 헤아려 폐지하고 율령격식(律令格式)에 불편한 것이 있으면 곧 다시 고치도록 하라. 멀고 가까운 곳에 널리 알려 이 뜻을 알게 할 것이며, 주관하는 자는 시행하도록 하라.

《삼국사기》 신라본기 문무왕 21년(681) 7월 1일

문무왕의 유언은 크게 나누어 보면 1) 생전의 치적, 2) 병에 걸려 임종에 가까워진 사실, 3) 후계자 언급, 4) 장례 방식, 5) 국정에 대한 지시로 이어진다. 이러한 형식은 수, 당 시대 황제의 유언과 무척 유사한데, 수 문제, 당 고조, 당 태종 등의 유언이 기본적으로 위의 다섯 가지 구조로 구성되어 있다. 이는 곧 문무왕의 유언이 이들 황제의 유언을 참고로 하여 완성된 것이라 볼 수 있겠다.

다만 문무왕은 위에 언급된 황제들의 유언과 비교하여 특별히 간소한 장례를 매우 구체적으로 강조하여 주목된다. 아무래도 문무왕의 철학과 의도가 가장 많이 담긴 내용이랄까. 이를 위해 유언에서는 우선 오왕 합려가 죽어 장사지낼 때 황금과 옥으로 꾸민 오리를 만들어둔 일화와 위왕 조조가 동작

경주의 문무대왕릉. 의도치 않게 문무왕은 넓고 푸르른 바다를 품고 있는, 한반도의 역대 왕들 중 가장 큰 무덤을 가지게 되었다.
ⓒPark Jongmoo

대를 크게 짓고 이곳에서 자신의 제사를 지내도록 한 일화를 언급하였다. 다음으로 합려와 조조처럼 아무리 천하에 널리 이름을 떨친 권력자의 유적일지라도 오랜 세월이 지나면 자연스럽게 사라지는 것처럼 이런 일에 헛되이 재물을 쓸 필요가 없음을 밝혔다. 이와 마찬가지로 권력자의 큰 무덤 역시 세월이 지나 여우와 토끼가 굴을 파고 사람들은 무덤에 올라 노래를 부를 뿐이라며 이러한 행동 역시 오히려 서책의 꾸짖음, 즉 역사에 나쁜 이름만 남긴다고 강조하였다.

참됨으로 응집하게 하시고, 도는 귀하게 몸은 천하게 여기셨네. 부처의 가르침을 흠모하여, 장작을 쌓아 장사를 지내는 화장을 하니 경진(鯨津)에 뼛가루를 날리셨네.

문무왕릉비

여러 신하들이 유언에 따라 동해 입구의 큰 바위 위에서 장례를 치렀다.

《삼국사기》 신라본기 문무왕 21년(681) 7월 1일

이처럼 여러 예시를 언급한 후 마지막으로 문무왕은 앞선 왕들과 달리 자신을 화장하여 가볍게 장

례를 지내도록 명하였다. 지금까지 역사에 등장한 여러 군주들과 달리 커다란 무덤과 무덤 안에 넣을 어마어마한 양의 부장품마저 자신은 전혀 필요 없다는 것. 살아서의 부와 명예를 죽어서도 가능한 큰 무덤을 지어 가져가려던 당시 권력자들의 기준으로 볼 때 법정 스님의 '무소유'가 생각날 정도로 실로 놀라운 행동이라 하겠다.

그 뜻을 받들어 신하들은 문무왕을 화장하여 동해의 바위 위에 장례를 지내게 된다. 지금의 경주 문무대왕릉이 바로 그곳. 이곳을 방문하면 기운이 묘하여 그런지 그 누구든 문무왕의 남다른 기상이 느껴질 텐데, 어느 날 나는 이런 생각이 돌연 들었다. 화장을 한 후 따로 무덤을 만들지 않고 바다에 있는 자연석에다 장례를 치르면서 의도치 않게 문무왕은 우리 역사의 역대 왕들 중 가장 큰 무덤을 가지게 된 것이 아닐까? 넓고 푸른 동해를 품 안에 안고 있는 엄청난 세계관을 지닌 능이니 말이지. 과연 삼한일통이라는 놀라운 업적을 이룩한 이의 쉼터답다는 생각.

언제부터인지 몰라도 망월사에서 바라본 푸르른 나무로 가득한 산에서 푸른 바다 위의 문무대왕릉을 떠올려본다. 그렇다. 그는 깊이와 높이를 알 수 없는 바다와 산처럼 우리 역사에 영원히 남을 큰 인

물임에 틀림없다. 글을 쓰는 사람으로서 앞으로도
문무왕을 알리는 일에 더욱 힘써야겠다는 결심을
해본다.

에필로그

　　당나라를 상대로 승리한 신라는 이후 후삼국시
대가 열리기 전까지 약 200여 년간 평화를 이어갔
다. 보통 30년을 한 세대라 친다면 6세대 이상 평화
를 누린 것이다. 물론 사이사이 96각간의 난, 김헌
창의 난, 장보고의 난처럼 내부적으로 여러 사건이
벌어지기도 했지만, 어쨌든 타국과 국운을 걸고 싸
우는 큰 전쟁은 없던 시기라 하겠다. 이러한 신라의
모습은 당나라를 상대로 승리를 거둔 고구려와 크
게 대비되는 결과였다.

　　요동의 행사(行事)는 모두 멈추도록 하라.

　　　　　　　　　　　　　　　　　당 태종 유조(649)

　　요동 공격과 토목 공사들을 중단하라.

　　　　　　　　　　　　　　　　《자치통감》 태종 23년(649)

　　모두들 알다시피 고구려 또한 신라와 마찬가지
로 당나라와 전쟁을 하여 승리한 역사가 있었다. 그

상대는 무려 당나라를 대표하는 황제인 태종 이세민. 한마디로 소정방, 이세적 정도가 아니라 645년 황제가 직접 병력을 이끌고 왔음에도 고구려가 이를 꺾어버린 것이다. 이때의 패배가 자존심에 큰 상처로 남았는지 당 태종은 죽을 때가 되어서야 비로소 유언으로 요동 = 고구려 전쟁을 중단하라고 할 정도로 생애 마지막까지 고구려 원정에 대한 집착을 보였다.

문제는 고구려가 당 태종을 상대로 승리한 이후에도 연개소문을 중심으로 계속된 강 대 강 대결정책을 펼치면서 당나라와의 대립 관계가 이어졌다는 점이다. 이렇듯 고구려가 대결정책을 계속 이어가자 당나라 입장에서는 자신들의 국제적인 영향력을 감안하여 반드시 고구려를 무너뜨려야겠다는 뚜렷한 목표가 생길 수밖에. 오죽하면 당나라 서쪽에서 토번 세력이 갈수록 커지고 있음에도 고구려 공략에 집중하느라 한동안 큰 관심을 두지 않을 정도였을까. 그 결과 고구려는 당 태종을 상대로 승리한 지 20여 년 만에 나당연합군의 공격으로 멸망하게 된다. 강대국을 상대로 승리했다는 높은 자부심을 20년, 즉 한 세대마저 제대로 즐기지 못한 것이다. 신라와 비교하면 겨우 10분의 1에 불과한 너무나 짧은 기간이었다.

당나라에 사신을 보내, 예기(禮記)와 더불어 문장(文章)을 청하자, 측천무후가 담당 관청에게 명하여 길흉요례(吉凶要禮)를 베끼고, 아울러 문관사림(文官詞林)에서 모범으로 삼을 만한 글들을 골라 뽑아 50권의 책을 만들어주었다.

《삼국사기》 신라본기 신문왕 6년(686)

반면 신라는 고구려와 달리 나당전쟁 승리 이후에도 외교를 통해 강대국인 당나라의 자존심을 적당히 세워주는 대신 나당전쟁으로 신라가 얻은 결과물을 국제적으로 인정받고자 부단히 노력하였다. 이를 위해 문무왕을 이어 신라 왕이 된 신문왕은 우선 당나라로 유학을 떠나 큰 명성을 얻은 신라 출신 승려인 원측을 신라로 귀국시키고자 하였는데, 비록 측천무후의 반대로 성공하지 못했으나 대신 당나라로부터 유교경전 50권을 받는 등 긍정적인 반응을 가져왔다. 그렇게 당나라와 우호관계를 하나씩 다시금 쌓으면서 신문왕을 이은 효소왕이 죽을 때에는 측천무후가 신라 왕의 애도식을 거행하며 이틀 동안이나 조회를 정지한 후 사신을 신라로 보내어 위로하는 등 양국간 관계가 더욱 개선되기에 이른다.

이후 효소왕을 이은 성덕왕 시절이 되자 신라와

당나라는 다시금 태종무열왕 시절에 버금가는 우호국이 되었으며, 그 결과 736년이 되어 드디어 평양 이남의 영토는 신라 것이라는 당나라의 승인을 받을 수 있었다. 나당전쟁 이후 60여 년간 이어진 신라의 끈질긴 외교가 빛을 본 순간이다. 이처럼 강대국과의 전쟁은 당장의 승리도 물론 중요하지만 승리 이후의 관리가 더욱 중요하다. 바로 이 부분에서 신라가 누구보다 훌륭한 대응을 보여줌으로써 고구려와 달리 무려 200여 년의 평화를 이룩할 수 있었다.

여기까지 살펴보았 듯이 나당전쟁은 문무왕 시절 670년부터 676년까지 7년간 벌어졌으나 외교적인 완전종결은 평양 이남의 영토를 공식적으로 신라가 확보한 736년 시점이라 하겠다. 마치 베트남전쟁이 끝난 후 20년이 지난 1995년 들어와 미국과 베트남이 국교정상화를 수립하고 2013년에는 포괄적 동반자 관계를 맺은 것과 유사하다고나 할까? 참고로 포괄적 동반자는 베트남이 맺는 최고 수준의 외교관계로서 그동안 베트남과 이 관계를 맺은 나라는 한국과 인도, 러시아, 중국 등 4개국뿐이었는데, 미국이 추가되면서 한때 전쟁까지 벌인 두 나라가 최고의 협력관계가 된 것이다. 이렇듯 외교관계란 영원불변한 것이 아닌 언제든 국익에 따라 변화

할 수 있음을 염두에 두어야 할 듯. 마치 변화무쌍한 신라의 외교술처럼 말이지.

신라가 강대국을 상대로 승리한 역사를 살펴보며 강대국으로 둘러싸인 대한민국이 과연 어떤 선택을 해야 할지 고민해본다. 물론 정답은 없다지만 신라의 모습에서 배워야 하지 않을까? 어떤 순간에도 국익보다 중요한 것은 없다는 분명한 원칙이 바로 그것이다.

참고 문헌

고경석, 신라의 對中 해상교통로 연구−중부횡단항로와 남부사단항로 개설 시기를 중심으로−, 신라사학보, 2011

권순진, 임진강유역 신라 성곽의 축성변화 고찰, 군사, 2024

김병희, 매소성의 위치와 매소성 전역의 실상에 대한 재론, 한국고대사탐구, 2024

김수미, 朴都儒 모반사건으로 본 웅진도독부와 신라의 갈등, 백제문화, 2011

김진한, 「답설인귀서」(答薛仁貴書)에 보이는 신라·당밀약 기사의 사료적 검토, 인문논총, 2014

노양규, 삼국통일 전쟁시 신라 수군활동의 전략적 의미, 한국해양안보논총, 2024

박종욱, 675년 買肖城 戰役의 전개 과정과 그 戰場, 선사와 고대, 2024

방용철, 文武王의 安勝 책봉과 그 배경, 이화사학연구, 2021

서영교, 羅唐戰爭의 開始와 그 背景−國際情勢

변화와 관련하여ㅡ, 역사학보, 2002

심광주, 임진강유역 고구려 성곽의 발굴조사 성과와 축성법, 고구려발해연구, 2018

양은경, 신라 쌍탑가람의 기원과 출현배경, 미술사학연구, 2020

염경이, 唐 高宗代 對外 政策의 性格과 意味 : 唐使 派遣을 중심으로, 중국사연구, 2011

우에다 기헤이나리치카, 670년대 신라와 당의 대립과 소통ㅡ薛仁貴 文武王書狀의 분석을 중심으로, 영남학, 2023

윤경진, 買肖城 전투와 羅唐戰爭의 종결『三國史記』신라본기 675년 2월 기사의 분석, 사림, 2017

윤경진, 三韓 인식의 연원과 통일전쟁기 新羅의 天下觀, 동방학지, 2014

이민수, 백제 멸망기 당의 신라 침공 계획, 한국고대사탐구, 2019

이상훈, 羅唐戰爭期 文豆婁 秘法과 海戰, 신라문화, 2011

이상훈, 나당전쟁 연구동향과 전망, 군사, 2016

이상훈, 羅唐戰爭의 종전배경과 新羅의 역할, 동북아역사논총, 2011

이상훈, 唐의 軍事戰略을 통해 본 羅唐戰爭期의 買肖城 戰鬪, 신라문화, 2007

임영애, 四天王寺址 塑造像의 尊名, 미술사논단, 2008

장활식, 통일신라 출범기의 봉성사와 망덕사 창건목적, 신라문화, 2011

전경효, 7세기 후반 나당관계와 김유신, 대구사학, 2014

정덕기, 6~7세기 전반 신라 신주의 재편과 海門 당항성의 관방 체계, 군사, 2023

정병준, 新羅 文武王 21년(681) 遺詔에 보이는 律令格式 改定令, 한국고대사연구, 2018

채미하, 문무왕·신문왕대의 대일본관계－調物과 別獻物을 중심으로－, 사총, 2020

최선아, 四天王寺와 文武王陵碑: 신라 陵墓와 추선 佛事 II, 신라문화, 2023

한준수, 신라 문무왕대 삼국 통일의 완성과 水軍의 활약, 신라문화, 2021

한정호, 신라 쌍탑가람의 출현과 신앙적 배경, 석당논총, 2010

황보경, 한강유역 신라 성곽의 특징과 성경, 한민족연구, 2008

찾아보기

일상이 고고학, 나당전쟁과 문무왕

강대국과 싸워 승리하는 법

1판 1쇄 인쇄 2025년 11월 19일
1판 1쇄 발행 2025년 12월 1일

지은이 황윤
펴낸이 김현정
펴낸곳 책읽는고양이

등록 제4-389호(2000년 1월 13일)
주소 서울시 성동구 행당로 76 110호
전화 2299-3703
팩스 2282-3152
홈페이지 www. risu. co. kr
이메일 risubook@hanmail.net

ⓒ 2025, 황윤
ISBN 979-11-92753-43-0 03810

일상이 ___ 고고학 시리즈

황윤 역사 여행 에세이

"우선 걸어볼까?"

타임머신을 타고 같은 장소 다른 시간을 걷는다.
옛사람들처럼 천천히 걸으며 풍경을 살피고,
역사의 조각을 맞춰보는 즐거운 순간!
고고학은 일상이 되고, 일상은 역사가 된다.

일상이 고고학, 나 혼자 백제 여행

소장 역사학자이자 박물관 마니아의 백제 역사 여행기. 역사 여행도 동네 산책처럼 친숙할 수 있다는 것을 보여주는 참신한 접근의 입문서로, 그동안 빈약한 배경지식 탓에 깊이 음미할 수 없었던 백제 유물 유적의 가치에 눈을 트이게 해준다. 왜 백제의 유물이 뛰어나게 예술적이고 아름다운지 그 수수께끼를 발품으로 이문 마니아 특유의 통찰력으로 풀어내고 있다. 전문가의 전유물이었던 백제를 친근하고 쉽게 풀어냈다는 평을 얻고 있다.

일상이 고고학, 나 혼자 경주 여행

경주를 100번도 넘게 가본 경주 마니아 황윤이 전하는, 고고학으로 경주 보는 법. 아름다운 경주의 풍경에 고고학을 더하여 여행에 지적 힐링을 안겨주며, 일상적인 누구나의 여행도 더욱 깊고 더 많은 것을 볼 수 있도록 안내한다. 박물관 마니아답게 보이지 않는 것을 보는 감상자의 안목을 여행에 접목시키니 경주 자체가 열린 박물관이 된다. "전국의 역사선생님이 좋아하는 경주 역사책!" "책을 읽으면서 함께 여행하는 느낌!" "역사적 깊이가 정말 대단합니다. 경주에서 신라의 흔적을 하나하나 마주하며 찾아가는 그런 느낌!"

일상이 고고학, 나 혼자 가야 여행

김수로 왕에서 삼국 통일 시기 대단한 업적을 세운 가야계 신라인 김유신과 문무왕으로 이어지는 금관가야 이야기. 이 책은 자신의 기록을 남기지 못하여 연구에 한계가 있을 수밖에 없었던 고대국가 '가야'를 '수로왕 전설'인 난생설화를 통하여 역으로 추적하여 그 속에 숨어 있는 진짜 역사를 하나하나 찾아가는 역사 에세이이다. 때로는 왜곡되고, 때로는 과장되고 억지스러운 역사의 기록을 함께 확인하고 풀어내는 과정과 각 역사 속 장면과 명칭 등의 의미를 함께 알아가는 가야 역사 여행은 고고학의 재미와 쾌감을 만끽하기에 충분하다.

일상이 고고학, 나 혼자 제주 여행

고고학의 눈으로 제주와 만나는 역사 여행 에세이. 덕후 출신 소장 역사학자인 저자의 편견 없는 가설과 다양한 문헌 해설, 그리고 부지런한 발품으로 만나는 제주 탐사 여행기다. 이 책은 〈삼국사기〉, 〈고려사〉를 비롯해 〈후한서〉, 〈삼국지〉 위서 동이전, 〈일본서기〉, 〈당회요〉 등 주변국 사서에 언급된 '탐라국'을 문헌적으로 개괄하며 신석기시대부터 고려시대까지 살펴본다. 저자는 그중에서도 유독 1374년 당대 최고 명장인 최영 장군을 총사령관으로 314척의 배에 2만 5,605명의 병력을 제주도로 파견하여 소위 '목호의 난'을 진압한 사건에 주목한다.

일상이 고고학, 나 혼자 전주 여행

전주를 기반으로 후백제를 세운 견훤과, 역시 전주에 뿌리를 둔 조선 왕조의 이성계를 통해 전주를 둘러싼 기시감 가득한 역사의 현장으로 이끈다. 기존에 한옥마을과 경기전 등 한정된 아이템 안에서만 즐겼던 전주 여행을 확장시켰을 뿐만 아니라, 역사적으로도 백제 말기부터 통일 신라, 고려 말기와 조선시대를 오가며 다층적인 전주를 보여준다.

일상이 고고학, 나 혼자 국립중앙박물관

박물관 마니아이자 역사 덕후인 황윤 작가의 국립중앙박물관 보는 법. 국립중앙박물관을 관람하는 다양한 스토리텔링 중 저자의 최애 코스인 '금(金)'을 주제로 한 탐구로, 1층에서 3층을 꼼꼼히 오가며 청동과 금의 흐름에서부터 국가 간 힘의 이동, 불교의 역사 등을 살핀다. 마침내 '사유의 방'. 두 분의 반가사유상을 만남으로써 클라이맥스를 선사한다.

일상이 고고학, 나 혼자 강원도 여행

역사 속 최고 권력자들과 선비 인텔리들이 골라 찾아다닌 한국에서 가장 빼어난 절경 여행지는 어디인가? 동해안을 따라 떠나는 고고학 여행이자 한 편의 판타지처럼 신비한 강원도! 〈관동별곡〉을 쓴 정철이 가사로 읊은 길, 동해안의 절경을 담아낸 〈금강사군첩〉을 그린 김홍도의 여정, 울릉도를 합락시킨 이사부의 흔적과 신라 화랑사선의 발자취가 남아 있는 곳. 강원도의 절경과 함께 고문헌과 옛 문학작품, 설화 등과 어우러진 신비한 강원도를 만난다.

일상이 고고학, 나 혼자 분청사기 여행

도자기 관람자를 위한 입문서, 분청사기 편. 15세기에 구현된 분청사기만의 추상과 모던함! 이토록 담백하게 표출될 수 있었던 데에는 조선 전성기라는 자부심의 깊이가 자리한다. 그럼에도 불구하고 고려청자와 조선백자에 비하여 뚜렷이 인식·확산되지 못한 아쉬움이 있다. 오히려 해외에서 높이 평가받고 있는 분청사기의 매력을 만난다.

일상이 고고학, 나 혼자 경주 여행2 만파식적편

만파식적 설화로 만나는 최초의 고고학 답사기. 지금까지 만파식적의 의미를 문학적으로나 역사적으로 연구한 사례는 있었지만, 경주라는 공간에서 만파식적과

연관된 각각의 유물과 유적을 찾아 고증한 적은 없었다. 《삼국사기》와 《삼국유사》 두 역사서는 반과식적 설화를 어떠한 관점으로 기록하고 있으며, 오늘날 우리에게는 또 어떠한 의미인지 생각해보게 한다.

일상이 고고학, 나 혼자 백자 여행

조선백자를 제대로 볼 수 있도록 감상자의 시각을 확장해주는 책. 눈에 보이는 조선백자의 미(美)뿐만 아니라 미처 피우지 못한 잠재된 미(美), 제작 당시 의도했던 것은 아니지만 오늘에 이르러 재평가받는 백자의 미감(美感)에 이르기까지 조선백자에 대한 안목을 세계사의 흐름 속에서 살펴본다. 시대마다 다른 미감을 이해하면 더욱 재미있는 도자기 감상이 가능하다고 도자기 감상 팁을 전한다.

일상이 고고학, 나 혼자 남한산성 여행

1019년 귀주대첩 시점의 고려와 1636년 병자호란 시점의 조선을 대비하여 보는 남한산성 역사 여행 에세이로, 병자호란의 굴욕적인 패배의 장소인 남한산성에서 고려거란전쟁을 승리로 이끈 현종을 오버랩시키는 독특한 스토리텔링을 통해 패배한 역사와 승리한 역사의 차이를 살펴보고, 왜 리더가 중요하며, 위기의 순간 우리가 선택해야 할 해법은 무엇인지를 반추하게 만드는 책이다.

일상이 고고학, 나 혼자 통영 진주 여행

임진왜란의 최선전이었던 한산도를 직접 찾아가 이순신 장군의 면모를 밝히는 역사 탐방기로, 문헌을 통한 객관적인 고증 속에 점차 부각되는 리얼리티의 경험을 선사한다. 실제 이순신 장군처럼 한산도 앞바다의 지형지세를 바라보는 가운데 옛 문헌으로 전하는 세세한 전장의 묘사가 오버랩되면서, 마치 조선 수군이 된 듯한 생생함은 격이 다른 감동을 전한다. 단행본으로는 최초로 초상화를 통해 진짜 이순신 장군의 얼굴을 찾아가는 시도 또한 고고학의 묘미를 증폭시킨다.

일상이 고고학, 나 혼자 대가야 여행

2023년 유네스코 세계유산으로 등재되면서 주목받은 가야 고분군을 따라가는 고고학 여행기로 대가야의 다양성과 국가적 위상을 재조명한다. 이 책은 영역과 이름만으로 대충 언급되었던 경상도 지역의 병렬 소국 집합체인 대가야의 실체를 문헌으로써 명료하게 입증하고, 또 상상 이상의 유적·유물을 통해 그 압도적인 존재감을 리얼하게 보여준다. 한편 대가야 여행의 시작이 고려의 팔만대장경으로 유명한 합천 해인사에서 출발한다는 점과 임나일본부와 우륵의 가야금으로 끝을 맺는다는 점에서 역시 황용 작가만의 독특한 스토리텔링을 기대하게 만든다.

일상이 고고학, 나 혼자 수원화성 여행

스마트한 리더 정조가 자신의 원대한 꿈을 실현하기 위해 맞닥뜨린 현실과 꿈의 간격을 어떻게 좁혀나갔는지, 동시대 건륭제를 어떻게 활용했는지 등 수원화성을 통해 보는 권력 역학과 빈틈 없는 정조의 실행력을 보여준다.

유네스코 세계문화유산은 원본을 유지한 건축물만 등재 가능하지만 수원화성의 경우 청사진이 모두 담겨 있는 《화성성역의궤》에 따라 원형에 가깝게 복원되었기에 등재될 수 있었으므로 《화성성역의궤》와 비교하여 수원화성을 살펴보는 이 책은 데테일한 고고학 여행의 백미다.

일상이 고고학, 나 혼자 서울 사찰 여행

진우 스님(대한불교 조계종 총무원장) 추천. 숭유억불 정책으로 불교가 가장 박대받던 조선시대에 성리학과의 싸움에서 아슬아슬하게 명맥을 이어온 서울의 사찰을 찾아, 조선 불교의 현실과 생명력을 풀어냄과 동시에 불화와 불상 보는 법 및 불교 세계관에 대한 해설을 상세히 담아 사찰 여행의 흥미를 더해준다.

숫자의 나라 인도에서 온 불교의 끝이 없을 듯한 시공간과 그 속에 여러 부처님들을 명료하게 이해시켜준다. 누구인지, 왜 거기 계시는지, 왜 함께 있는지 등등 불상과 불화를 보는 안목을 길러주며, 드디어 알게 되었다는 경지를 선사한다.

서울 사찰 여행은 사라진 사찰 원각사 이야기로부터 시작해, 흥천사, 봉은사, 승가사, 옥천암, 마애불좌상, 호국지장사, 달마사, 조계사로 이어진다. 여기에 조선전기 불교미술의 대표작인 '석가탄생도'와 '석가출가도' 감상과 '팔상도' 소개가 더해지면서 불화와 불상 보는 법을 정리해준다.